心を整える

シンプルに生きる禅の知恵55

枡野俊明
曹洞宗徳雄山建功寺住職

きずな出版

はじめに

何を大切にして、何を手放すべきか。

そういうことを考えてみたことはあるでしょうか？

よく自問をしてみれば、本当に大切なもの、必要なものはそれほど多くはないのがわかるはずです。

モノ（物）に限らず、心理的な部分でもそうです。

なんだか気が重い、毎日がつらい、生きるのがしんどい……というひとは、余計な心理をはたらかせすぎているのです。

いらないものを手放せば、心も生活も身軽になります。

〝ありのままの生き方〟ができるようにもなるのです。

今回この本でお伝えしたいのはそういうことです。

たとえば、欲や妬《ねた》み、執着心、あるいは不安感。こうしたものは誰にとっても心の重荷になります。〝心の不要品〟だといってもいいでしょう。

必要のない心理がはたらいていることにより、心をわずらわせたり、生活の中で無理をしたりしてしまいます。それにより、ひとに悪く思われることもあれば、自分自身を苦しめることもあります。

生きづらさにもつながります。

このような心の不要品を手放すことができれば、ずいぶんラクになるはずですが、なかなかそれができないひとが多いのです。

どうにかしたいと考えるのであれば、まず理由を知ることです。

こうした心理がはたらく背景には〝他人《ひと》との比較〟があります。

ひとと比較してしまうから相手をうらやましく思ったり、妬んだりしてしまう。お金や地位を求め、ひとに自慢できるブランド品を買い漁ることにもなっていきます。

将来に対する漠然とした不安をもってしまうのも、ひととの比較と無関係ではありません。何歳以上の平均貯蓄額は何千万円……といった情報や数字を気にして、自分はそれより少ないけど大丈夫だろうか、などと考えることにもなるのです。

こうした苦しみから逃れるためには、比べるのをやめることです。

「ひとはひと、自分は自分」

そう考えて、ひとと比べなくなれば、いろいろな部分が変わっていきます。

比べるのなら、ひとではなく自分にすべきです。

「去年の自分にはできなかったことが、今年はできるようになった」のであれば、自分の成長に自信をもてます。

「去年よりも仕事ができなかった」のであれば、理由を考えて、一層の努力をすればいいのです。

ひとと比べることではストレスが生まれやすいものですが、つい比較をしたくなる時代になっているのも否《いな》めません。

インターネットやSNSなどを使ってさまざまな情報が簡単に手に入るようになってい

るからです。

好むと好まざるとにかかわらず、誰が何をやっているかが伝わってきます。

「友人のAさんは有名店で豪華なランチを食べていた」などといったこともそうです。そういうポスト（投稿）があったのなら、Aさんがその店に行ったことは事実なのでしょう。ただし、それが日常的な等身大の行動なのかといえば、そうとは限らないということも知っておいたほうがいいはずです。

SNSの発信をしているひとは承認欲求が強い場合が多いので、自分を良く見せたいことから背伸びをしがちです。

情報は〝盛られている〟ものになりやすいということです。

日常にプラスアルファされた情報が多いにもかかわらず、そこに気づかず、あのひとはいつもいい店に行っているな、とうらやましがる。

SNS社会ならではの落とし穴にハマりやすいのがいまの時代です。

相手が提示している虚像と比べて、負けないようにしたいと無理をしてしまう。そのような図式ができているケースが多いのではないかという気がします。

ひとと比較はしないで、ひとの目を気にせず、あくまで自分らしく、自然に生きていく。

それが〝ありのまま〟ということです。


「露《ろ》」という、たった一文字の禅語があります。


「露堂々」という言い方もされます。

どちらの言葉も「隠すことなく、あらわれる」という意味をもちます。

〝自分以上でもなければ自分以下でもない自分〟こそが自分なのだということを教えてくれる言葉です。


自分を盛ろうとすることもなければ、卑下することもない。

ありのままでいて、その姿を見てもらうのがいい。

禅からはそんな生き方を学ぶことができるのです。

今回の本では**〝どうすればいらないモノ（物）を手放せるか〟**という部分から書き始めています。

断捨離という言葉が流行ったこともありますが、不要品を始末して、身近にあるのは必要品だけにする**シンプルライフ**を目指してみてほしいからです。

「あれも欲しい、これも欲しい」という執着は、誰の心にも芽生えやすいものです。そこにはやはり、ひととの比較があり、自己顕示欲があります。

「ひとよりいいモノを！」

「もっと上を！　もっと多くを！」

そのように求めていくのは足し算の発想であり〝心のメタボリック症候群〟です。欲には際限がなく、どれだけのものを手に入れても満足はできなくなるのですから、病的な心理だといってもいいでしょう。

足し算を続けていれば、ふくらみ続けていくのは当然です。

モノが増え続けていくことと心の不要品を手放せずにいることはつながっています。どちらの場合も、足し算の原理が悪いほうへとはたらいているのです。

対して**禅の考え方は〝引き算〟**です。

余計なものをそぎ落とし、できるだけシンプルにしていくことを目指します。

「知足《ちそく》」という禅語があります。

足るを知る、ということです。

人間の欲望は果てしないということを理解して、いま生きていることに感謝し、いまあるモノに満足できていれば、心のメタボは解消されます。

所有物でも心の不要品でも、生活習慣でも同じです。

皆さんもぜひ、引き算の発想で余計なものを手放して、シンプルな生き方を目指してみてください。

いまよりずっと生きるのが楽しく、ラクになるはずです。

合　掌

令和六年五月吉日　建功寺方丈にて

枡野俊明

目次

第二章 不安や心配事など〝心の不要品〟も手放す

第三章 禅に学ぶ〝ありのまま〟の生き方

第四章 心を整えるための朝の過ごし方、夜の過ごし方

第五章 「生きる」こと、「死にきる」こと

編集協力／内池久貴
DTP製作／株式会社Sun Fuerza

第一章

いらないモノを手放して ミニマルな生活をする

ZenTheory-1

禅の教えはミニマリズムにつながる

禅に対してはどのようなイメージをもたれているでしょうか？

禅問答などから受ける難解な印象もあるかもしれませんが、難しく考える必要はありません。禅をはじめ仏教は、余分なものを持たない引き算の発想を基本にしているというのは最初に書いたとおりです。

禅の教えや目指しているところは非常にシンプルです。

ヨーロッパでは、禅＝ミニマリズムという意識が根付いてしまっているほどです。

ミニマリズムは、余計な装飾を施さず〝最小限〟を目指す様式・思想なので、たしかに禅の求めるところにも通じます。

ただそれは、禅の一面であって、禅のすべてではありません。

白い壁に囲まれ、がらんとしている部屋を指して、「これはミニマリズムだから禅ですよね」と言うひとがいましたが、違います。

こうしたところでの誤解が大きい。

様式を規定するのが禅なのではなく、生き方を極めていくのが禅です。

シンプルな空間＝禅なのではなく、禅を学べば、生き方も生活もシンプルなものになっていく。

そういう認識が正しいわけです。

とはいえ、禅の教えにはミニマリズムにつながるところがあるのは確かです。

その部分だけを禅だと考えられては困りますが、生き方に悩んでいるひとは、そうしたことを踏まえたうえで、禅から学べるところを学んでもらえればいいのではないかと思います。

考え方や習慣、持ち物などから余計なものやムダなものをなくしていくうえでも大いに役立つはずです。

何かにとらわれていると、ひとは不自由になります。

そういう生き方を続けていくことはありません。

つまらないことに悩んだり執着することがなくなれば、心がすうっとして、生きるのがラクになります。

ZenTheory-2

執着や不安をなくせば無一物《むいちもつ》＝シンプルに近づける

「本来無一物《むいちもつ》」という禅語があります。

ひとがこの世に生まれてくるときには何も持っていないということです。

所有物もなければ、よこしまな心もない。

嫉妬心や執着心もない純粋な心で生まれてきます。

それがどうでしょう。

生きていくなかで、お金を手に入れ、所有物が増え、学歴や社会的な地位といったものを得ていくことで変わっていきます。

もともと無一物だったことを忘れてしまうのです。

そのうえ、いちど手に入れたものは手放したくないという気持ちも生まれます。執着心です。すると今度は「いまあるものを失ったらどうしようか」という不安感をもつようにもなります。

執着心や不安感があるから、ひとは苦しみます。

生活をしていれば、欲しいものが増えていくのは自然なことです。

ただそこで、よりいいもの、より多くのものを求めるようになれば、その欲には際限がなくなります。

他人の評価を気にするようになれば、欲はさらに加速します。

「ブランド品のバッグが欲しい」

「いいクルマに乗って、いい家に住みたい」

「ひとにうらやまれるような地位やステイタスを得て、優雅な暮らしがしたい」

そうして、行き着くところがないように求めるものを大きくしていきます。

どこまでも満足することのない深い欲を「貪欲」といいます。

貪欲は、煩悩の根源である三毒のひとつです。

貪欲、瞋恚《しんい》（憎しみ）、愚痴（無明）、これを「三毒」といいます。

こうした煩悩をふくらましていくことで、ひとは無一物であることを忘れ、曇りのない清い心からどんどん離れていってしまうのです。


知らず知らずのうちについていくのが〝心のぜい肉〟ですが、それが実体化した〝余計なもの〟をいかに手放せばいいのか。


多くのひとは、そういうことを考えていくべきなのでしょう。

禅の教えにはそのためのヒントがあります。

物欲を捨て、余計な自我を捨てる。

執着や不安をなくした無一物《シンプル》に近づくための方法を禅から学ぶことができるのです。

ZenTheory-3

あったらいいな、というものは〝なくてもいいもの〟

どうすればモノ（物）を減らせるでしょうか？

使わないものがある状態はなくし、周りにあるのは全部使うものにしていけば、自然にモノは減っていきます。

使うものというのは本来、ものすごく限定されます。

あったらいいな、というものは〝なくてもいいもの〟なのです。


かつての禅僧は、修行をする際、旅をしました。

旅は徒歩で行うので、そもそも多くのものは持てません。

首から袈裟行李を前に吊るし、後ろには後付を背負い、必要品はこの二つの中に入れておきます。

坐蒲《ざふ》（座布団）を抱え、応量器という食事をする器は袈裟行李《けさこうり》に取り付けておきます。

網代笠《あじろがさ》はかぶるか手に持ちますが、基本的な持ちものはそれくらいです。

いまでも禅僧が修行をする際はその格好でお寺（本山など）に入り、一年などの期間を過ごします。

必要最低限のものしか持たない生活が当たり前になっているのです。

そこまで極端な生活を見習ってもらわなくてもかまいません。

「あれが欲しい、これが欲しい」と、なんでも揃えていこうとするのをまずやめる。

そうしたところから始めてみてはいかがでしょうか。

本当に必要なものはそんなにはないのです。

ZenTheory-4

モノを減らせないひとは何かひとつを手放してみる

身の周りからいらないものをなくそうと考えても、実際にはなかなか手をつけられないケースも多いかと思います。

そうした場合、とにかく「使っていない」と判断できるものをまずひとつ、手放してみるのもいい方法です。

たとえば、まったく使っていない調理家電や健康器具などはないですか？　そういうわかりやすい不要物があるなら、まず処分を考えてみるのがいいでしょう。

それくらいはっきりとしたいらないものがなかったとしても、クローゼットやタンス、食器棚の中などをよく見てみればどうでしょうか？　あまり着なくなっている服、使わなくなっているバッグや食器などはあるはずです。

かなりの数の服やバッグを持っているひとが、半分にしようと考えても、なかなか思いきれないのはわかります。しかし、まず一着、まずひとつ、ということであれば、なんとか選べるのではないでしょうか。

あまり着なくなっている服、使わなくなっているバッグ、以前のようにお気に入りではなくなっているものなどを選べばいいわけです。

何年も着ていない服や、使ったことのないバッグをしまいこんでいるひとは多いのではないかと予想されます。

そういうひとは「いつか着る（使う）かもしれないから」と口にしがちです。

その「いつか」がくることは、おそらくありません。

よく考えて、自分で〝仕分け〟してみるのもいいと思います。

服であれば「①三年間、一度も着ていない服」、「②三年間で一度か二度着たけれど、とくに気に入っているわけではない服」、「③着る機会は少ないながらも気に入っている服」

に仕分けします。
①は迷わず処分していいでしょう。
②にしても処分してしまっていいのではないかと思います。
③に関しては、着る機会が少ない理由にもよりますが、〝大切にしているからこそ、着る機会が限定される〟ということなら残しておいてもいいかもしれません。ただ、そういうことであるなら、大事にしすぎず、着る機会を増やすようにしてもいいのではないかと思います。
買った当時はお気に入りだったとしても、何年ものあいだ、着たこと（使ったこと）がないものを再デビューさせることはまずありません。

自分に正直になれば、そうした事実を認められるのではないでしょうか。

「もうあまり着ない（使わない）」と判断できるものは必ずあるはずです。

そんなひとつをまず手放します。

最初は悩んだとしても、「処分できて、かえってよかった」と安堵する場合も多いはずです。

よかったと思えるようなものを手放しても進歩はないのではないかと思われるかもしれませんが、それがきっかけになります。

いちど思いきりをつけられたなら、いらないものはどんどん見つかるようになり、それを手放すことにためらわなくなっていく。

そうして部屋からものが減っていけば、清々しい気持ちになっていきます。

ZenTheory-5

いらないものを処分すれば欲望や執着心は薄れていく

自分の部屋は〝心を映す鏡〟のような性格をもっています。

いらないと思えるモノがたくさんあったとすれば、心の中にも不要なものが多いということ。

欲望や執着心、競争心や嫉妬心が詰まっているのだと考えられます。

いらないものを処分していくなかではそんな欲望や執着心も薄れていきます。

私たち禅僧は修行時代、僧堂の中で一人ひとりに「単《たん》」と呼ばれる一畳が与えられます。

「起きて半畳、寝て一畳」という言葉そのままに、そこで坐禅し、食事をとり、就寝します。

単の奥には物入があり、必要最低限のものだけを置いておきます。先には修行に出る際の所持品についても書きましたが、まさしくそれだけです。替えの下着や足袋などはあっても、娯楽につながるものやスマホなどは当然、持ち込めません。

そういう生活をしていれば、物欲などは自然に消えていきます。

一般の方がそこまで極端な生活をする必要はありませんが、物欲がなくなる心境に近づけたならいいのではないかと思います。

身の周りにあるのが最低限のものだけになり、あれも欲しい、これも欲しいという物欲がなくなると、不安や悩みも消えていきます。

いかにつまらないものにとらわれていたかがわかってくるからです。

ZenTheory-6

不要品は、増えすぎた中性脂肪にも似ている

「買ったもの、手に入れたものはなかなか手放せない」

そういうひとは多いようです。

引っ越してきたときは、必要最低限のものしかないすっきりした部屋だったのに「いつのまにか、いろいろとものが増えてきて、ごちゃごちゃした空間になってしまった」というのもよく聞く話です。

うちもそうだ！　と思い当たったひとも少なくないのではないでしょうか。

日頃から「ものを増やさない」という意識を強くしていない限り、家財道具や電化製品、服や本などが増えていくのは避けにくいことです。

不要品というのは、体に不調をもたらす〝増えすぎた中性脂肪〟にも似た性質があります。心身の健康のためにも、なんとか減らしていくようにするべきです。

何かを手放すことの意味を考えてみてください。

「喜捨」という言葉があります。

読んで字のごとく〝惜しみはしないで喜んで捨てること〟です。

一般的にはお寺や神社でお賽銭を入れたり、金品を寄付する行為を指します。

お賽銭を入れる行為そのものではなく〝心にかかえている執着心やこだわりを捨てること〟だと考えてもらうのがいいのではないかと思います。

執着は、心を曇らせ、自分を苦しめる原因になります。

執着の元を手放せば、そのことにも気がつけます。

不要なものを手放す行為は、喜捨にも通じることなのです。

ZenTheory－7

「もったいない」をもったいなくはないようにする

何かを手放そうとするとき、なかなか踏ん切りがつけられない理由はいろいろあるかと思います。

「以前は気に入ってたから」、「ひとからもらった品だから」といったこともそうですが、もうひとつ多いのは「もったいない」という心理です。

ものを大切にするのはいいことなので、簡単に処分に踏みきれないのはわかります。しかし、それまでに充分、役割を果たしてくれていたなら、手放すことをためらわなくてもいいはずです。

まだまだ使えるもの（着られる服）なら、どのように手放すかを工夫する方法はいくつかあります。

「使ってくれそう（着てくれそう）なひとに譲る」

「学校や地域のバザーに出す」

「物資が不足している地域や被災地などに届けるため、ボランティア団体に託す」といったことなどがそうです。


単に捨てるのではなく、再利用につながるかたちで手放せたなら、もったいないと思う必要はなくなり、それこそ喜捨になります。


もちろん、なんでも手放せばいいわけではありません。

「ひとからもらったもの」はなかなか処分できないように、「形見」や「記念の品」なども、簡単には手放せないことでしょう。手放すべきではないものもあります。その判断をできるのは本人だけです。


たとえまったく使わないものであっても〝想い〟が詰まっているのであれば、捨てる必要はないでしょう。

想いが詰まっているものはまとめて箱に入れて、押し入れにしまっておくなどしてもいいかと思います。

子供の頃、がらくたのようなものを「宝箱」にしまっていたひともいるのではないでしょうか。

大人になってから、それが見つかり、くだらないものを残していたなと笑うこともあれば、心の宝物が見つかることもあります。

大人になっても心の宝物はあるものです。

あとで「どうしてこんなものを残していたのか」と笑いたくなるものを混ぜないようにしながら判別していくのもいいのではないかと思います。

ZenTheory－8

いらないものを手放すだけでなく増やさない！

所有物を増やさない、ということを考える場合には〝入ってくる側と出す側〟双方の視点が必要になります。

当たり前の話ですが、何を手放すかを考えるだけではなく、新しいものを増やさないようにすること、買わないようにすることも大切です。

「欲しい！」と思った商品を買うかどうか？

街で見かけたもの、通販サイトで見かけたもの、通販番組で見かけたもの……。そうしたものをいいなと思ったときにすぐに買うか、ポチッとするか、テレビで示されている番号に電話をかけるか。

皆さんはそういうときの判断基準をどうされているでしょうか？

欲しいと思った瞬間、迷わず買うひともいれば、悩み抜いてから決めるひともいるはずです。

どのくらい迷うかは値段次第というひとも少なくないことでしょう。

値段にかかわらず、なるべく即決はしないで、ある程度、悩むなりしてから決めるのがいいのではないかと思います。


〝三回考える〟ということを習慣化する、あるいは自分に義務づけるようにするのも、ひとつの方法です。


街（あるいは通販サイト）で見かけたものなら、買うと即決はしないで、翌日もう一度、商品を見てみて、どうしようかと考えてみる。さらに数日後、もう一度考えて、本当に欲しい、必要だと思えた場合にだけ買うようにする方法です。

通販番組のように「何時間以内にお電話ください」と制限されている場合は買わないと

決めておくのもいいでしょう（時間制限があっても、翌日などにもう一度放送されるケースは多い気はしますが……）。

そうすれば、まず衝動買いはなくなります。

なんでもすぐには買わず、よく考えて判断していけば、これまで欲しいと思って買っていたものを二割か三割くらいまで減らせるはずです。

どうしてかといえば、ひと目見たとき欲しいと思ったとしても、しっかりと考えてみたなら、本当に欲しいものは少ないはずだからです。

〝買い替え〟についてもよく考えるようにするのがいいでしょう。

大きな買いものでいえば、たとえば自動車。もう少し価格を落とせば、電化製品やスマホ、衣服やバッグなどもそうです。

いま使っているものがまだ使えるのに、新しい商品が出れば、すぐに買い替えるひとは少なくないはずです。

性能があがった、機能が増えた……など、自分で理由付けをしがちですが、上を見始めたらキリがありません。

欲が欲を呼んでいる状態です。

「古いものは下取りに出せるから」というケースが少なくないにしても、使っていて不自由がないなら、なるべく使い続ける。

そういうスタンスを取るようにします。

「ものを大切にする精神」をもつことも大切です。

私たち禅僧は、作務衣《さむえ》が破れたときには自分で縫い直し、草履の鼻緒が切れたら自分で直します。

何をどこまで直しながら使っていくかは一様に決められることではありません。それでも、ふだんから使うものはなるべく大切にしながら長く使っていく姿勢をもっておくようにはしたいところです。

ひとつのものを大切にするようにしていれば、いらないものが増えていくことはありません。

ものを大切にするひとは何に対しても感謝の気持ちを強くでき、ものを大切にしないひとは人間関係などもないがしろにしがちです。

生き方にもつながってくる部分です。

ZenTheory-9

「簡素」と「質素」を分けて考える

「簡素」と「質素」という言葉があります。

似ているようでも、意味するところは違います。

簡素は、ムダをそぎ落としていき、自分にとって本当に必要なものをしっかり見極めていくことです。

一方の質素は、贅沢はしないで飾り気のない控えめなものを使っていくことです。

簡素でありたいと考えたとき、なんでもすべてを最低限のものにしようと考える必要はありません。

たとえばお茶を飲むのが好きなひとなら、お茶の葉にこだわるのもいいでしょう。湯呑などにこだわりたい心理も生まれやすいと思います。

本当にいいな、と思える湯呑を見つけたときに、多少、値が張ったとしても購入するのはいいのではないでしょうか。

〝いいものを買って長く使う〟ということも大切です。

自分の生活の中で、何が大きな位置を占めているのか？その部分を考えながら〝どこを簡素にして、どこを質素にするか〟を分けていく。

そういう意識をもつようにするのがいいのではないかと思います。

ZenTheory－10

物欲は人生を歩むうえでの重荷となる

多かれ少なかれ、誰にでも物欲はあるものです。

その物欲がどれだけ肥大化しているか、その物欲にどれだけ支配されているか。

そういう部分で個人差が出ます。

物欲の大きさに自分で気がついていないひともいるかもしれませんが、物欲には終わりがありません。

悩みの種になっていくばかりか、人生を狂わせてしまうこともあります。

毎年のようにスマホを買い替えるひともいるのではないでしょうか。

スマホも決して安いものではないので、それだけでもなかなか大変です。毎年のように買うのがブランド品のバッグや高級時計などになっていったならどうでしょうか。

高級時計であれば数百万円する商品もあります。

そういうものを手に入れたときは非常に大きな喜びがあるのでしょうが、ひとつを買って、そのひとつだけを大切にし続けるひとはそれほど多くはない気がします。

時間が経つにつれて、また新しいもの、より良いもの、より高価なものが欲しくなっていくものだからです。

誘惑に勝てなければ、歯止めがきかなくなります。そうして多額のローンを背負い込んでしまうひともいるようです。

私が実際に見聞きした話で、皆さんにも考えてみてほしい例が二つあります。

ある三十代の女性は、ひと月のあいだに友人の結婚式ふたつに出席することになったのだそうです。

どちらも大学時代の友人の式だったので、出席者もある程度は重なります。そのため「前の結婚式と同じドレスを着ていると思われたくない」ということから、ローンを組んで新しいドレスを買ったそうです。ご祝儀も二組に出したので、それなりに長い期間、生活は厳しくなったといいます。

どちらの結婚式にも同じドレスを着て出席していたとして、何人がそれに気がつくものでしょうか。

ほとんど誰も気づかないのではないかと思います。気づいたひとがいたとしても、それでバカにするようなひとは誰もいないはずです。

みんなが気づいて、悪いように思うはず……と考えているとすれば **〝見栄から来る妄想〟** です。

そんな妄想に振り回されて、無理をしていたのがこの例です。

見栄と物欲には切っても切れない関係があり、本人を苦しめます。

対照的なのは、うちのお寺の檀家さんの四十代の女性です。

毎月のようにお墓参りに来られるひとですが、いつも手にしているのが、昔の小学生が持っていたような布製の手提げバッグなのです。

そのバッグについて聞いてみると、こう答えてくれました。

「これは娘が小学生のときに使っていたバッグなんです。娘は恥ずかしいからやめてと言いますけど、まだ使えるし、捨てるのはもったいないですから」

にっこりと笑いながらそう答えてくれたのを見て、素敵な生き方をしているひとだなと思ったものです。

いくつものブランド品のバッグを持っているひとも多いのに、この方は、ひと目で「お子さんのおさがり」とわかるようなバッグを大事に使い続けています。

見栄を張ることなどはいっさいなく、自分の信じた生き方をされていることがそれだけでもわかります。

私も見習いたいくらいです。

見栄や物欲は〝心の重荷〟です。

そういうファクターに支配されずに、人生を歩めているのは素晴らしいことです。
強くて美しい生き方ができている証左です。
物欲は、欲しいものを買い続けていくことでは決して満たされません。
自分の心で解決するしかないのです。

ZenTheory-11

「清貧」でいれば心は軽やかになる

人間の欲望にはキリがありません。

お釈迦様は「たとえヒマラヤの山をすべて黄金に変えても、ひとの欲望は満たされることがない」とおっしゃっています。

いまの社会に生きていれば、欲望によって求めてやまなくなるのがお金です。物欲が肥大化したとき、必要になるのがお金だからです。

できるだけお金を得たい、貯めたい、と考えます。

より良いもの（マーケット的価値が高いもの）を買うためには、より多くのお金が必要になるので、お金を望む気持ちは際限がなくなりやすい。

いま欲しいものが見当たらなくても「とりあえずお金を貯めておきたい」という考えにもなっていきます。

自分が本来、何をやりたくて、何をやりたくないかといったことを考えず、ひたすら、より多くのお金を求めるようになるひともいることでしょう。

それだけお金に振り回されているということです。


お釈迦様の最後の教えをまとめた『仏遺教経《ぶつゆいきょうぎょう》』には次のように書かれています。

その内容を解りやすく説明すると、「足ることを知っているひとは、たとえ地べたに寝るような生活をしていても、心は安らかで、幸せを感じるものだ。一方で、足ることを知らない者は、たとえ天上の宮殿に暮らしていても満足できない。どんなに裕福であっても心は貧しいからだ」

この教えは**「少欲知足」**という言葉になっています。

〝欲を少なくして、足ることを知るのがいい〟ということです。

住まいが粗末で、食べものが質素であっても、それで充分だと思えていたなら、心は豊かでいられる。逆に、どれだけ贅沢な暮らしをしていても欲望が満たされないようなひとの心は常に渇いているのです。


少し前に**「清貧」**という言葉が流行語になりました。

清貧とは、富を求める気持ちがなく、行いが清らかで質素な生活をしているということ。そうであれば心は豊かでいられることを示した言葉です。日本に古くからある言葉でしたが、そういう生き方が再評価された時期があったのです。

豊かな心で、美しい生き方をしていくためには、物欲をふくらませ、お金ばかりを求めないようにすることです。

清貧でいるのは、我慢が求められるつらい生き方などではありません。

むしろ心は軽やかになります。

不要な苦しみから逃れられるからです。

ZenTheory-12

ミニマルな空間で「市中の山居」を実践する

日本人は昔から〝隠遁生活〟を理想としてきたところがあります。

世間からは距離をおき、ひとり静かに暮らすあり方です。

武士としてのエリートコースを歩んでいながら二十三歳で出家した漂泊の僧、西行はいつの時代においても憧れの対象になっています。

鳥の声や風の音、水の音を聴きながら、ただ静かに在る。

夜には月を眺め、動物がいれば、たわむれる。

書を読み、詩作する。

我々日本人はそういう生活を理想としてきたわけです。

人里離れた山中に棲むことを「山棲《さんせい》」あるいは「山居」といいます。

鴨長明は『方丈記』で、「山中の山居」という言い方をしていました。以前にはそういうなかでこそ理想的な修行ができると考えた禅僧も少なくなかったものです。

そんな暮らしに憧れるひとは多くても、実際にそこまで振り切るのは易しいことではありません。

そこで実践されるようになったのが**「市中の山居」**です。

慌ただしい市中にあっても、山居の状態をつくればいい、ということです。

千利休によって世に知られるようになった言葉ですが、それ以前から京の文化人たちはこうした方法を試みていたともいわれます。

この時代のひとたちは母屋から離れたところに茶室をつくり、そこを山居のための空間にしていたわけですが、いまに生きる私たちがそれに倣おうとした場合、茶室までをつくる必要はありません。

特別な部屋などはなくても、喧騒から離れ、文明の機器に頼らず、ひとりで心静かに過ごす時間をつくれたならいいのです。

いらないものを手放し、ミニマルな空間で、ミニマルな暮らしをしていけば、おのずと市中の山居になっていきます。

ZenTheory－13

デジタルデトックスを考える

いまの時代に生きるひとたちが「市中の山居」に近いことを実践しようと考えるなら、まずデジタルを手放すことでしょう。

一定時間だけでもかまわないので、スマホやパソコンなどをそばに置かず、そうした機器から得られる情報などを気にしないようにします。

「デジタルデトックス」という言い方もされます。

デトックスとは、解毒を意味する言葉です。

ストレスの軽減や脳の疲労回復にもつながるとして、推奨されることが増えてきました。

そういう考え方がされるようになってきたのも自然なことでしょう。

LINEやフェイスブック、X（旧ツイッター）といったSNSをいっさい使っていないひとを探すのが難しいくらいの時代になっています。

便利であるには違いなくても、毎日の生活をSNSに支配されるようになっているなら考えものです。

LINEでメッセージが送られてくれば、一分たりとも相手を待たさないために、すぐに返信する。

フェイスブックやXのチェックは欠かさず、ネット上に書かれていることはすべて真実だと思い込む。

相手を待たさないようにするため自分がストレスを抱え込み、間違った情報やフェイクニュースを信じ込んでしまうことから誤った認識をもってしまう……。

そういうふうにならないためにも、SNSとは適度な距離感で付き合い、ネットで見られる情報などは疑ってみる姿勢が大切です。

LINEにしても、家族のあいだで帰宅時間を知らせるなどの情報交換にだけ使っているひともいます。

ＳＮＳとのとてもいい付き合い方だと思います。

そこから多少、範囲を広げるとしても、ＳＮＳは〝コミュニケーションの一手段〟〝単なる道具〟と割り切り、うまい付き合い方をしていくのがいいかと思います。

道具とは使うものです。

道具に使われているなら本末転倒です。

もしＳＮＳに縛りつけられていると感じたなら、きっぱりとやめてしまうのもいいかもしれません。

ホドホドの付き合いができているとしても、ぜひデジタルデトックスの時間をつくってみてください。

ZenTheory‑14

お金やモノに頼らなくても幸せを感じることはできる

SNSに縛りつけられているひとに限らず、日々、時間に追われているひとは少なくないのだと思います。

仕事などやることが多すぎて、予定をこなしていくことでいっぱいいっぱいになっているひとたちです。

世の中の動きは目まぐるしく、それについていくため、なかなか頭を休ませることができなくなっているのが現代人です。

物欲、出世欲、社会に取り残されないかといった不安……。

そういったものがあればなおさら、立ち止まることができなくなります。

そのストレスが非常に大きくなっていくのは当然です。

そんなひとはデジタルデトックスを実践すべきなのはもちろん、自分を突き動かしているものは何なのかと、立ち止まって考えてほしいところです。

自分を縛りつけているのが欲望や執着心、あるいは不安感だとわかれば、解消する手立てはあります。

それについては次章以降でも解説しますが、一朝一夕できっぱりと欲望や執着心、不安感を断ち切れるかといえば、それほど容易なことではないでしょう。

すぐにそれができないのであれば、なるべく心穏やかにいられる時間をつくることが大切です。

坐禅も最上の手段ですが、もうひとつ手軽にやれることがあります。

〝自然を感じる時間〟をつくること、です。

花を活けておくのもいいし、鉢植えの花やプランタの野菜を育てるのもいいでしょう。

もっといえば、窓を開けて空を流れる雲を眺める、家から一歩外に出て朝の陽射しを浴びる、といったことでもいいのです。

近くを散歩した際に見かける草花からは四季の移り変わりが感じられます。

お金やモノなどはいっさい必要としないことです。

そういうなかで、ひとは安らぎを得て、幸せを感じます。

「逢花打花逢月打月（花に逢えば花を打《だ》し、月に逢えば月を打す）」という禅語がありま す。

ここでの打すは〝向き合う〟というような意味です。

花が咲いていれば心ゆくまでそれを楽しみ、月が浮かんでいれば、飽きるまで眺めていればいい、ということです。

余計なことを考えずに心をからっぽにして、出逢いを受け入れればいい。心も体も自然にゆだねてしまえばいい、というわけです。

モノへの執着をなくせば、こうした方法によって心を落ち着け、幸せを感じられるようになっていきます。

高価なものを求め続けていても、いつまでも満たされず、ゴールがないことから焦燥感に駆られるひともいます。

どちらが幸せな人生を送れているのかといえば、比べるまでもない気がします。

皆さんはそう思いませんか？

第二章

不安や心配事など
〝心の不要品〟も手放す

ZenTheory-15

〝心の不要品〟もすぐに手放すのがいい

日々生活をしていれば不要品がたまっていきやすいだけでなく、悩みや心配事をかかえやすくなります。

こうしたものは〝心の不要品〟です。

悩みや心配事のほとんどは、本来、気にかける必要がないものです。

これらが引っかかっているため、心を重くすることにもなります。

そうなるのを避けるためにはどうすればいいでしょうか？

まず、その悩みや心配事が不要なものだと知ることです。

そしてもうひとつは、最初から心の引っかかりをつくらないようにすることです。

私はよく**「心配事の九割は現実にならない」**という言い方をします。

不安や心配事はすべて未来を想定したものです。

自分がどういうときに不安を感じるかを思い起こしてみてください。

もっとも多いのは〝先の予測が立たない、どうなるかわからない〟と感じているときだとわかるはずです。

「ああなってしまうのではないか、こうなってしまうのではないか」と考えているわけですが、そこで危惧していることのほとんどは現実にはなりません。

それはつまり、実際には起きない事象のために心を痛めているということ。

九割ほどは〝心配損〟していることになるので、最初から心を痛める必要などはないわけです。

そもそも先のことなどは誰にもわかりません。そんなことを考えているのは時間のムダです。それがストレスになれば、心を疲弊させていくことにもなります。その延長から心身の病気を発症することもあるのですから、いたずらに不安がっていてもいいことはありません。

準備が不十分だったり、力がたりないと感じているため、結果を案じるようなケースもあるかと思います。そこで不安になって縮こまっていれば、心配していた方向へと物事は転がっていきがちです。

そんなときは不安がったりしていないで、いまやれることをやるべきです。

それによって必ず結果が好転するとは限らなくても、ただ不安になっているよりははるかに有効です。

自分は「どうして何を心配しているのか」とよく考えてみれば、心配しているより先にどうすればいいかが見えてくるものです。

そうして心配の種をひとつひとつ消していけばいいのです。

また、友人や恋人と会って別れたあとに「あんな言い方はしなければよかった」と悔いる場合もあるかと思います。

それが心の引っかかりになります。

引っかかりを残しておくと、心に巣食って悩みの種として大きくなっていきます。そうしないためには、すぐに謝ってしまうなど、ためらわずに本当の気持ちを話せばいいのです。時間を空けずに素直に話すことができれば、わだかまりが解けるケースは多いはずです。

そうすれば悩みになることもなくなります。

いらないモノ（物）を手放すのと同じです。

心の不要品を判別して、余計な心配事などはすぐに手放せるようになれば、心の負担は大きく減らすことができます。

ZenTheory－16

多くの不安には実体がない、そのことをまず理解しておく

「一切唯心造《いっさいゆいしんぞう》」という禅語があります。

すべての現象は心がつくりだしているに過ぎない、という意味です。

「心配事の九割は現実にならない」というのもまさにそういうことです。

〝不安や心配事は心が生み出しているだけのもので、まず現実になることはない〟

そのように理解していれば、いちいち心をわずらわされることがなくなります。

禅の世界ではよく知られている話があります。

禅宗の初祖といえば達磨大師ですが、その達磨大師に弟子の慧可《えか》が次のように聞きまし

た。

「私の心はいつも不安でいっぱいです。この不安を取り除くにはどうすればいいでしょうか」

するとき達磨大師は答えました。

「では、その不安を取り除いてあげよう。**まずその不安を私の前に出してごらん**」

その言葉を聞いて慧可は、自分の心を満たしていると思っていた不安は、実体のないものだと気がついたという話です。

トンチ問答のようだと思われるかもしれませんが、多くのひとが慧可と同じなのではないでしょうか。

実体のない不安に心を痛めているだけなのです。

ZenTheory－17

過去のことにくよくよしているのはムダでしかない

「莫妄想《まくもうぞう》」という禅語があります。

妄想すること莫《なか》れ、という教えです。

ここでいう妄想とは、心を縛るすべてのことです。

不安や心配事は心を縛る最たるものです。

あれこれと悩み、動きが封じられたりしないためにも不安や心配事はもたないようにするのがいいでしょう。

不安や心配事が現実にはならない未来のことであるのに対して、「悔い」というものは過去の出来事に対するものです。こちらもやはり妄想です。

過去のことを思い返して、くよくよしていても意味はありません。過去の失敗に学ぶことは大切でも、悔やんでいることで得られるものはないのです。

未来に対する不安も、過去への悔恨も、すっと手放すようにしたいところです。

あらゆる妄想を断ち切り、妄想と無縁で生きていくというのは、なかなか難しいことなのは確かです。

それこそ仏様の境地といえます。

ひとであれば、心のどこかに妄想があるのは、ある程度、仕方がありません。

大切なのは、妄想をなくすより、まず妄想を減らすこと。

何が妄想であるかを知り、それを溜め込まないようにしていくことは誰にでもできるはずです。

忘れることは人間の自己防衛本能だという説があるそうです。

悔いが残されたことや嫌なことなどのすべてを覚えていたなら、心が押しつぶされてしまいます。

そうならないように嫌な思いは忘れるようにできているのです。

自分に起きたすべてのことを忘れていくわけにはいきませんが、忘れたほうがいいことは忘れてしまう。

覚えておく必要があることだと思うなら、〝記憶の引き出し〟にしまっておいて、心の引っかかりにはならないようにしておくのがいいでしょう。

そうしていてこそ、心の健康は守られます。

ZenTheory－18

「いまを生きる」ようにしていれば苦しみから解放される

仏教では**「三世《さんぜ》を生きる」**という言い方がされます。

三世とは過去世（前世）、現在世（現世）、未来世（来世）のことです。これらはすべてつながっているので、死んだらおしまい、ということにはなりません。

だとすれば、現世は良くなくても来世に期待しよう……といった考え方をすればいいのかといえば、違います。

それとは逆に、過去も未来も考えず、現世、もっといえば〝今現在にのみ最善を尽くして生きていくようにしなければならない〟という教えです。そうであってこそ、過去が生かされ、未来につながるということです。

だからといって、過去に気をとめ、未来を慮《おもんぱか》ることはしません。

禅の世界では「いまこの時を生きる」ことだけを考えます。

息を吐いて吸う「一息《いっそく》」のうちにも過去は生まれます。

目の前で起きていくことは次々に「過去」になっていき、それと同時に目の前には「いま」がやってくる。

その繰り返しによって人生は構築されます。


「而今《にこん》」という禅語があります。

〝いまという一瞬は二度と戻ってこない〟ことをあらわした言葉です。

私たち人間は過ぎ去った過去に心を寄せがちです。

過去の失敗を悔やんだり、過去の栄光にしがみつこうとしたりしやすいものですが、すべて終わったことです。

いつまでもそこにとらわれていては前には進めません。

体は現在を生きていても、心を過去においてきているのであれば、心と体はバラバラになってしまいます。

一方、これからどうなっていくかがわからない未来のことを心配しているのも無意味です。

人生の真実は、いまこの時にしかないのです。

その一瞬一瞬を大切にしていくことです。

終わってしまったことを引きずらずにいてこそ、前を向けます。

起きてもいない未来を心配していれば、いまという時間を無為にしてしまいます。

そうならないように〝いま〟だけを見つめるのがいいわけです。

日本の曹洞宗の開祖である道元禅師は『正法眼蔵《しょうぼうげんぞう》』の中で次のように説いています。

「薪は薪の法位に住して、さきありのちあり。前後ありといへども、前後際断せり。灰は灰の法位にありて、のちありさきあり」

なんだか難しい話だな……という印象をもたれたかもしれませんが、ここで説かれているのは非常にわかりやすいことです。

薪が燃えれば灰になるので、灰を見れば私たちは「この灰はもともと薪だった」と考えます。

しかし道元禅師は、「いま灰になっているならそれは灰にほかならない」とおっしゃられているのです。

この教えは**「前後際断《ぜんごさいだん》」**という禅語になっています。

禅の世界の考え方はこの言葉に集約されます。

この言葉の意味することは而今と似ています。

私たちが生きているのは現在なので、その現在を、過去や未来と対比しようとするのはよくない。

〝現在だけを考えて生きていくのがいい〟ということが、ここでも確認されます。

たとえば、あなたが何かで嫌な思いをしたとします。それについて「誰のせいだ」、「腹が立って仕方がない」、「何か仕返しはできないか」などと考えていたとすればどうでしょうか。

いつまでも過去を引きずっているうえ、マイナスの感情を未来にまで運んでいくことになります。

禅の世界ではそれをよしとしません。

何があったとしても過去として切り離し、現在だけを見つめて生きていきます。

そんなことができるのかという疑問をもたれる方もいるかもしれませんが、そういう考え方があることを知れば、それだけでも一歩前進です。

そうあるように心がけていれば、自然にそれができていきます。

ZenTheory－19

いつまでも消えない悩みや苦しみはない

仏教の根本的な考え方のひとつに**「無常」**があります。

〝この世に常なるものはない〟という意味です。

たとえば私たち人間も無常の存在です。

今日という日よりも明日という日のほうが確実に年をとっています。その分だけ死にも近づいている。

その事実は間違いないことであり、自分でも気がつかないうちに、そうした変化は起きています。

心もまた、うつろいでいくものです。

たとえばの話、恋愛相手や結婚相手に対する気持ちも変わっていくのが自然です。お互いに惹かれ合い、恋に落ちて結婚したとしましょう。出会ったときの想いは永遠に続くものだと信じていても、時間が経てばやはり変化していきます。

「あのひとは変わってしまった」と思うこともあるかもしれません。

たしかに変わっているのでしょうが、それは相手だけではなく自分もです。お互いに変わっているのです。

相手の変化には敏感であるのに、自分の変化にはなかなか気がつかない。

人間とはそういうものです。

お互いに変わっているなら、相手に対する感情も変わっていくのは自然です。

その事実をよく理解したうえで、出会った当時の気持ちと違っていても、相手を想う気持ちをなくしていなければそれでいいはずです。

そうであるなら、いい関係は持続できます。

繰り返しのようになりますが、不安や心配事、悩みなどもまた常なるものではありません。

永遠に続く悩みや苦しみなどはないのです。

自分の力で消し去ることもあれば、知らないうちに消えていることもあります。いちばんの苦しみになっていたはずのことが喜びに転じることもあり得ます。

十代の自分がどんなことに悩んでいたかを思い出してみてください。

「一人前の大人になれるだろうか」

「自分のやりたいことが見つかるだろうか」

などというように漠然とした不安をもっていたひとも多いかもしれません。

しかし、二十歳、三十歳と年を重ねていったとき、同じ悩みをそのままもっているひとはまずいないはずです。

「いま振り返れば、ちっぽけなことに悩んでいたんだな」とおかしくなることもあるかもしれません。

悩みの正体はそういうものです。

以前にもっていた悩みが消えても、新たな悩みはまた生まれてくるでしょう。その悩みは、若い頃にもっていたものに比べて重いものになっている場合もあるかもしれません。

しかし、新たな悩みにしても、いつまでも残ることはありません。

解決できることもあれば、少し経ったあとには、その悩みがやはり気に病むようなことではなかったと知る場合もあるはずです。

ひとはそうして成長していくものです。

ZenTheory-20

やるべきことをやる！ ただそれだけでいい

「即今《そっこん》、当処、自己」という禅語があります。

いま、この場で、自分がやるべきことをやりなさい、という意味です。

やはり、私たちが生きているのは「いま、この瞬間」でしかない、という教えです。

一瞬前の自分はもういない。

一瞬あとにはどうなっているかわからない。

だとすれば、自分にしかできない目の前のことをやるしかないということです。

どんなとき、どんな場所（環境）にあっても、自分がやるべきことはあります。

それを必死にやっていればいいのであり、それをやらずにいるから迷いが生じてしまうのです。

この章の最初にも書いたように、何かの引っかかりがあるなら、とにかくすぐに謝るなどして解決してしまう。

やるべきことはそれしかないにもかかわらず、やらないからこそ悩みの種になってしまう。

この禅語が示しているのは非常にシンプルな真理です。

この真理を理解していると、過去を悔やんだり、先を憂えたりすることをなくしていけます。

ZenTheory-21

「禅即行動」あれこれ考えるより、まず動く

先の予測が立たず、どうなるかがわからず落ち着かないとき、先の心配をしやすいということはすでに書きました。

無理に心配をつくりだしているのにも近い状態です。

〝心配するための心配〟と言っていいかもしれません。

心配が過ぎると、行動に移せない、何もできない、ということにもなりがちです。

そうならないためには、考えすぎないことも大切です。

あれこれ考えるより、まず動く。

そうしていてこそ得られるものがあるはずです。

禅の世界では**「禅即行動」**が基本になります。

とにかくまず行動に踏み出すべきだということです。

やってみれば、自分には何ができて何ができないのかということ、得手不得手などが自然に見えてきます。

できないこと、苦手なことがわかれば、対策も練れます。克服する、軌道修正する、というように成長や成功を目指していけばいいのです。


禅僧は日々、坐禅、読経、作務（掃除などの務め）と同じことを繰り返します。

そのため、ちゃんとできるかなと不安になったり、面倒だなと嫌がったりするより先に体が動くようになります。

お寺に入門したばかりの頃などは、「つらいから続けられそうにない」と不安になりがちです。それでも先のことを考えすぎず、日々、体を動かしていれば、いつのまにかつらいとは感じなくなっています。

坐禅がなんとか格好になるまでの目安は百日程度だとも言われます。そういう目安があることも意識しなければいい。

何も考えずに続けていれば、自然にかたちになっていくものです。

仕事でも趣味でもなんでもやりたいことがあるなら躊躇などはしていないで、一歩を踏み出してみるのもいいのではないでしょうか。

ZenTheory-22

なかなかうまくはいかなくてもどうにかなるさ

流れに任せる、というスタンスも大切です。

「いまはどうも流れが悪い」と感じられたとき、自分の力でなんとかしようと力を入れるひともいるのだとは思います。

そうした姿勢はもちろんすばらしいことですが、流れに任せてしまうのもひとつの方法です。

「柔軟心《にゅうなんしん》」という禅語があります。

力が抜けた心の状態を指します。

やわらかい心、しなやかな心で生きていくのがいいと教えてくれる言葉です。

状況を問わず、自分の信念をつらぬいていく生き方は力強く、ひとからは憧れの目で見られるものです。ただし、決して自分を曲げない意志が強すぎた場合にはしなやかさを失い、心が硬直してしまいます。それよりは我を張りすぎず、なりゆきに任せる感覚をもつのもいいのではないかと思います。


うまくいかず思いどおりにならないことは多いものです。

学業、仕事、恋愛、スポーツ……など、なんでもそうです。

自分の思いどおりにいくことのほうが少ないのは普通のことです。

何をやってもうまくいくようなひとはいません。そういうひとがいるように見えても、どこかで躓《つまず》きはあるものです。

お釈迦様も**「この世は苦に満ちている」**とおっしゃっています。思いどおりにいかないことに次々ぶつかっていくのが当たり前だという教えです。

苦難ばかりが続いていくなら、打ちひしがれているしかないのかといえばそうではありません。逆です。

うまくいかないことは多くても、その試練をいかに乗り越えていくかが大切だということです。

先が見えないような状況になっていたとしても、簡単にすべてがおしまいになるようなことはありません。厳しい状況になっていても、なんとか活路を見出すことはできるものです。

〝およそのことはなんとかなっていく〟

そう考えられていてこそ、くじけずにいられます。

心配事などにぶつかったとき、あるいは困難を前にしたとき、こう言ってみるのもいいのではないでしょうか。

「どうにかなるさ」

言葉には力が宿っています。

言霊《ことだま》です。

霊的な力だととらえることもできますが、それだけではありません。

いい意味での暗示としての効果もあります。

「やれる」と口にしていればやれてしまう――。

脳科学でも、言葉がもつ力は実証されてきているようです。

どんなときでも不安がらず、ポジティブにとらえて、それを言葉にしていれば、どうにかなるものです。

ZenTheory-23

不幸せの数はかぞえない、幸せの数だけかぞえればいい

あれは失敗だったという悔いが生まれたとき、引きずらないほうがいいとはわかっていても、どうしても心に残ってしまうことはあります。

謝れることならすぐに謝るのはひとつの方法ですが、知らず知らずのうちに心の引っかかりになっているケースもあります。

気づかないうちに心の不要品をつくり、増やしていかないためには、「今日はどんなことがあったか」と振り返る時間をつくることも大切です。

一日の終わりが近づいてきたときにそれをするのを習慣にしてもいいのではないでしょうか（ただし、就寝に近い時間に一日を振り返ると、眠れなくなることもあるので時間的

な注意は必要です）。

あれは失敗だったという気づきがあれば、落ち込むのではなく、失敗の原因だけを整理しておきます。

相手があることなら、翌日に謝るようにします。

なんとなく心に残ったままになっていたり、もやもやしていたりするのはよくありません。何かを引きずり、いつまでもくよくよしていては心のダメージを大きくしてしまうだけです。

失敗などがあっても、自分の中で、できるだけ早く決着をつけることです。

一日を振り返ったとき、良かった点が見つかることもあれば、悪かった点が見つかることもあるでしょう。それが自然なことなので、悪かった点については翌日まで持ち越さないようにすることです。

人生を振り返ったときもそうです。あのときは良かったけど、あのときは最悪だったと思い返すひともいるかもしれません。

「あれもやれた、これもやれた」と良かったことをかぞえることもできれば、「あれもできなかった、これもできなかった」と後悔をかぞえることもできます。

それで人生の幕を引くとしたなら、どちらをかぞえるのがいいでしょうか。

考えてみるまでもありません。

良かったことだけをかぞえるようにしたほうが「いい人生だった」と満足しやすいのは当然です。

一年を振り返るときも、一日を振り返るときも同じです。

幸せの数だけかぞえるようにしておけばいいのです。

嫌な思いなどはとにかく残さないようにすることです。

ZenTheory-24

日日是好日

有名な禅語に**「日日是好日《にちにちこれこうじつ》」**があります。

一日一日、どんな日であるかはさまざまです。

晴れた日もあれば、雨の日もあります。

いいことがあった日もあれば、嫌なことが続いたと感じる日もあるでしょう。

毎日が晴れていればいいのに、と思うかもしれません。

ですが、晴れた日には晴れた日の良さがあるように、雨の日には雨の日の良さがあります。

どんな日であっても、二度とはめぐってこない〝かけがえのない好《よ》き日〟です。

一日一日に優劣があるような考え方をするべきではありません。

一日一日を「好日」と、とらえていくようにするのがいいわけです。

一日を無事に終えられたなら、それだけでもありがたいことです。

一日を振り返り、少しくらいつらいことがあっても、たいしたことではありません。

そういう考え方ができれば、一日一日に感謝できるようになります。

悩みなどはかかえこまず、日々、かけがえのない好き日を慈《いっく》しみながら過ごせるようになっていきます。

そうなれば、きっと目の前の景色が変わります。

第三章

禅に学ぶ〝ありのまま〟の生き方

ZenTheory-25

ありのままの自分でいればいい

ありのままに生きていきたい――。

そんな願いを持っているひとは多いのではないでしょうか。

「ありのままの自分でいたい。でも、なかなかそうはいかないから」

そうやって悩んでいるひともいるのだろうと想像されます。

では、ありのままとはどういう状態を指すのでしょうか?

辞書を引けば、「実際の有様のとおり」などと書かれていますが、それではもうひとつピンときません。

多くのひとは〝自分を偽ろうとはせず、自分らしくあること〟などとイメージしているのではないかと思います。

およそのところはそうなのでしょう。

私が考えるありのままは次のようなものです。

どこかで無理をしたりしないで、自然に生きていくこと。

自分にとっていちばん心地いい状態でいることです。

なかなかそうはいかないというひとは、そもそも他人《ひと》を意識しすぎているのではないかと思います。

ひとと比較する意識を捨てられないでいる限り、どうしても世間の目を気にしてしまいます。そのため、背伸びをしたり、必要のない飾り付けをして、自分を偽ろうとしたりしてしまいます。

そういう虚飾を考えない、まっすぐな生き方がありのままです。

「平常心是道《びょうじょうしんこれどう》」という禅語があります。

平常心とは、特別なことを考えない、ふだんどおりの心でいること。
そうしていてこそ、道につながる、という教えです。
平常心は「ありのままの心」とも言い換えられます。
自分を偽ろうとはしない姿勢はそれだけ尊いわけです。
ひとと比べない。
ひとの目を気にしない。
それができていれば、自然にありのままの生き方ができていきます。

ZenTheory-26

「自分を変えたい」と思うことはない

「あのひとは明るい」、「あのひとは暗い」といった言い方がよくされます。

そういう比較がある以上、「暗いと見られるよりは明るいと言われたい」と考えるひとが増えるのはわかります。自分は暗いと見られやすいので「自分を変えたい」と悩んでいるひともいるはずです。

もしもの話として、自分を変える努力をして、「明るいひとだな」と見られやすくなったとしましょう。

心からそれをよかったと思えるのだとすれば、新しい自分に出会えたということなので問題はないでしょう。

しかし、「周りからは明るいと言われるようになったけど、毎日が息苦しい」と感じているとすればどうでしょうか。

そうであるなら〝無理をしている〟ということ。

自分のありのままに逆らってしまっているわけです。

そんな状態を続けていれば、心が疲れてしまい、体を壊すことにもつながりかねません。

ひとにどう見られているかといったことに神経を疲弊させないようにして、自分が心地いい状態で日々を過ごしていくようにしたいところです。

もし自分を変えようとした場合には、四パターンの自分に出会うことになります。

一つめは「絶対に変えることができない自分」。

二つめは「変えようと思えば変えることができる自分」。

三つめは「変えることはできるけれど、変えたくないと思う自分」。

四つめは「できることなら変えたほうがいいと思っている自分」。

最初からきちんと分解できていない場合もあるでしょうが、その場合はまず仕分けを試みてください。

変えたほうがいいと思えているところは変えようとしてみる。

その場合も無理はしない。

変えられない部分や変えたくない部分は、最初から変えようとしない。

そういうあり方でいいのではないでしょうか。

明るいか暗いかの話に戻せば、「よく暗いと言われるので明るくなりたい」と考えているひとは、世の中にかぞえきれないほどいるものです。

無理なく自分を変えられそうであるなら努力してみればいいのでしょうが、いまのままでいいと考えるならそのままでいればいい。

それだけの話です。

「眼横鼻直《がんのうびちょく》」という禅語があります。

意味はそのままで、目は横についていて、鼻は縦についているということ。

変えられないこと、当たり前のことはあるものなので、そういう状態はありのまま受け入れればいいということです。
迷う必要はありません。
いまの世の中には無理をしているひとが多すぎるように思えます。
心が疲れるような生き方になっているなら改めたほうがいいでしょう。
もっと軽やかに、もっとシンプルに、生きていけばいい。
それが禅の教えです。

ZenTheory-27

見せかけの自分と〝本来の自分〟

「不立文字《ふりゅうもんじ》、教外別伝《きょうげべつでん》、直指人心《じきしにんしん》、見性成仏《けんしょうじょうぶつ》」とは、禅の教えを象徴する言葉のひとつです。

文字や言葉にとらわれることなく、自分をしっかりと見つめていれば〝本来の姿〟に出会えるということ。

ひとの価値観に振り回されることに意味はありません。それによって余計な悩みをかかえてしまうことはないのです。

「主人公」という言葉を知らないひとはいないでしょう。

ふだんの生活のなかで、主人公と聞けば、ドラマや映画のメインキャラクターのことだと思うはずです。

「主人公」はもともと禅語です。

唐代の高名な禅僧が毎朝、自分に「主人公」と呼びかけて「はい」と応え、「目を覚ませよ」、「はい」と続けていたといいます。

ここでいう〝目覚め〟は、心の目覚めを指しています。

この禅僧は「おい、お前（おい、自分よ！）」という意味で、自分に「主人公」と呼びかけていたわけです。

そしてそれは、単に呼び名の問題ではありません。

主人公という一語の中に**〝自分の中にいるもうひとりの自分〟〝本来の自分〟**（本来の自己）という意味をもたせていたのです。

だからこそ、その自分に呼びかけ、目を覚ませと言っていたわけです。

本来の自分を隠そうとする必要はありません。

それよりむしろ、本来の自分が隠れてしまわないようにするべきです。


禅では、自分はこういう人間だと決めつけてしまわないことが大切だとも説いています。

自分自身で自分を枠にはめてしまわず、〝もうひとりの自分〟に目を覚ましてもらう。

それが本当のありのままの自分なのかもしれません。

ZenTheory-28

みんなちがって、みんないい

誰かと考えや意見が違うときに、本当の気持ちをしまいこんで、周りに合わせて「そうだよね」、「わたしもそう思う」と相づちを打ってしまうこともあるのではないでしょうか？

思想や価値観に関わる議論においても、音楽やファッションの好き嫌いといったふだんの会話においてもそうです。

自分の考えに自信がないからそうしている場合もあれば、相手の意見を尊重したいのでそうしている場合もあるのでしょう。話がわかる〝いいひと〟に見られたい気持ちがはたらいている場合も多いのではないかと思います。

ひとは誰でも自分なりの考え方をしているものです。

価値観も違います。

価値観が違うひとと付き合うのは難しいと感じるのは、相手の価値観に合わせようとするからです。

自分の考えとは違っているにもかかわらず、「そうだよね」と言ってしまうのもまさにそのためです。自分が嫌われないための防衛本能ともいえますが、はっきりいってしまえば、必要がないことです。

〝傷つきたくない〟〝自分のことを好きになってほしい〟ということから相手に合わせているというのは、ありのままの自分でいられていないということです。

そういう生き方をしていた場合、表面的には友達とうまくやれていて、楽しい毎日を過ごしているように見えることもあるかもしれません。しかし実際は、自分を偽りながら生きていることになるのです。

それでは楽しいはずがありません。
自分ではそれほど無理をしていないつもりでいても、心の健康をうまく保っていくことができなくなってもおかしくはありません。

金子みすゞさんが書かれた童謡に『私と小鳥と鈴と』があります。
最後の一節がとくに有名ですが、全体は次のような詩です。

私が両手をひろげても、
お空はちっとも飛べないが、
飛べる小鳥は私のように、
地面を速くは走れない。

私がからだをゆすっても、
きれいな音は出ないけど、

あの鳴る鈴は私のように、
たくさんな唄は知らないよ。

鈴と、小鳥と、それから私、
みんなちがって、みんないい。

得意なことや個性はそれぞれなのだから、誰かに合わせることはない。
みんなちがっていいのだから、ありのままでいればいい。
そういうことを教えてくれる素敵な詩です。

ZenTheory-29

常識を疑い、社会のモノサシにはとらわれない

社会で生きていくうえでは少なからずルールや常識を意識することになります。ルールを守ることは大切です。

では常識はどうでしょうか？

常識に反したことをやれば白い目で見られる場合もありますが、常識のすべてが誰にでも当てはめられるものではありません。

常識の反対が非常識とは限りません。

間違ったことをしないための思慮分別という意味では、常識を軽んじることができない場合はあるものです。しかし、世の中には〝決めつけられすぎている常識〟もたくさんあ

ります。

「こういう場合にはこうするのが常識で、普通のことだ！」といった類いのものです。そのなかには、必ずしもそうとは限らないのではないかと疑問をもたれるものも少なからず見つかります。

常識のすべてが意味のないことではありませんが、常識を意識しすぎていると、なんでも周囲に合わせることになり、個性が埋没します。

「そんな奇抜なファッションは常識がない」

「中学生にもなればプロ野球選手になりたい夢は捨てるのが常識だ」

などという言葉を聞かされる場合もあることでしょう。

それは常識ではなく、世間のモノサシです。〝大人の都合のモノサシ〟といってもいいかもしれません。

「いい大学を出て、いい会社に入るのを目指すのが常識」

「就職したら結婚して家庭を持ち、定年までその会社で働き続けるのが常識」

当たり前のようにこのような考え方をしていて、それを子供にも言い聞かせる保護者や指導者は多いものですが、こうした言葉はそもそも疑ってかかっていいのです。

世間のモノサシが正しいとは限らない。

ルールを逸脱しない範囲であれば、好きなファッションをしていればいいのです。

いつまでも夢を追い続けているのもいいでしょう。

もちろん、何をやっても許されるわけではありません。さすがにそれはないのではないかと見られるようなことをやるかやらないかは自分で判断すればいいのです。

世間のモノサシを気にしすぎているなら、まずそのモノサシを手放してみる。

大切なのは〝自分のモノサシ〟です。

ZenTheory－30

知らずに自分を縛っている〝心の縄〟は存在しないか？

お金はたくさんあるほうがいい、といったことも、世間のモノサシでは当たり前のように見られています。

ないよりはあるほうが苦労は少ないかもしれませんが、お金があれば幸せで、なければ不幸ということはありません。

お金に執着しすぎるために本当の幸せを手放すことになってしまうひともいれば、経済的に余裕のない暮らしをしていても幸せなひともいます。

世間のモノサシがすべてではないわけです。

お金のことに限りません。

多くのひとが当たり前と決めつけているようなことでも、自分は「そうではない」と思えるのであれば、そういう生き方を選択すればいい。

世の中の常識に縛られず、自分で正解を探していく姿勢もまた、ありのままです。

常識に縛られているひとは相当に多いのではないかと予想されます。

「自分はどうだろうか?」と、いちど問いかけてみてください。

たしかにそうかもしれないと思い当たるのであれば、日頃からのスタンスを見直してみてもいいのではないでしょうか。

「無縄自縛《むじょうじばく》」という禅語があります。

ありもしない縄で縛られてしまっているということです。

常識やモノサシも無縄です。こうした縄に縛られていたのではせっかくの人生をつまらないものにしてしまいます。

その縄をほどけるのは、自分だけです。

ひとには決してほどけないものなので、自分で自分を解放してあげる必要があるわけです。

人生にはさまざまな分かれ道があるものですが、どの道に行くのがいいかは、あらかじめ決められているわけでもなければ、誰かにうながされるものでもありません。

「いま、自分はどちらに進むのがいいのか」と、ことあるごとに自分に問いかけるようにして、その時々に答えを出していけばいいのです。

そうした作業を続けていることでも心の縄はほどけていきます。

ZenTheory-31

自分にできること、やりたいことをやればいい

夢をあきらめず、努力を続けることは大切です。

ただし、努力が必ず結果に結びつくわけではありません。努力をしたことはムダにならなくても、常に夢や目標がかなえられるとは限りません。

プロ野球選手になりたいというような夢であれば、とくにそうです。どこかで現実にぶつかり、あきらめるケースも多いでしょう。それが挫折なのかといえば、そういう言葉は当たらないのではないかと思います。

プロになれるような力はなかったとしても、がんばった時間は何かを残してくれるはずだからです。

複数のひとたちが、同じ条件のなかで同じように努力をしていても、同じ結果が出るものではありません。

得手不得手もあれば、順位をつけられることもあります。

「この分野（競技）では誰々さんに勝てない」

「どうしてもやれないことがある」

そういうことで落ち込んだり悩んだりもしやすいものですが、そんな必要はありません。

誰にでも、できることもあれば、できないこともあるものです。それを忘れてしまうから悩んでしまうのです。

大切なのは、自分をしっかりと見つめておくこと。

できないことがあるのは当たり前だと考えて、できること、やりたいことに目を向ければいいのです。

できないことを克服しようとするのも大切なことですが、すべてをできるようになる必要はありません。

どの部分を伸ばしていくかは自分で考えていけばいいのです。

そしてまた、伸ばしていきたい部分がなかなかうまくいかなくても焦ることはありません。


禅の世界では、完全なものは嫌われます。

完全とはすなわち〝終わり〟でもあるからです。

禅の修行には終わりがありません。

「百尺竿頭《かんとう》進一歩」という禅語があります。

百尺の竿の先まで到達できても、そこにあまんじることなく、その先を目指して踏み出していくべきだということです。

禅の世界においては、形が完全なものはあえて壊してしまうこともあるほどで〝完全を超えた不完全〟がもっとも美しいと考えられています。

不完全といえば、完全に至る手前と考えられがちですが、それだけではありません。不完全は終わりがなく延々と続いていくものです。

私たちが行う修行にしても、到達点がないからこそ、いつまでも励むことができるのです。

ひとも、人生も、同じです。

完全（完璧）な人間、完全（完璧）な人生などはないからこそ、いつまでも自分を高めていける。

その際には自分のペースで歩んでいけばいいのです。

ZenTheory-32

SNSでも相手の反応に一喜一憂しない

ひとの目や評価を気にするひとはやはり多いのだと思います。

SNSでもそうではないでしょうか？

フェイスブックやインスタグラム、X（旧ツイッター）などを使った発信をしているひとは「いいね」がどれだけつくかといったことを気にする場合が多いようです。

LINEを利用しているひとは、誰かにメッセージを送れば、「既読になるかどうか」、「既読になっているのにどうして返事をもらえないか？」といったことで神経をすり減らしてしまうこともあるようです。

精神科の先生によれば**「SNS症候群」という精神疾患**として括られるようにもなって

いるのだといいます。

フェイスブックなどの「いいね」の場合は、ひとからどのように評価されているのかや知人たちが自分に関心をもってくれているのかが気になります。ＬＩＮＥの場合はもっと単純に相手との距離感が気になって仕方がないのでしょう。

ＬＩＮＥで送ったメッセージがすぐに返事が欲しい性質の内容であるなら、気になるのはまだわかります。

しかし、「いいね」の数や、とくに返事を急がないメッセージに対する反応に対して過敏になる必要はないはずです。

ひとにはそれぞれ、そのときの都合や自分なりのＳＮＳとの付き合い方があります。常にメッセージをチェックしているような時間がないひともいれば、メッセージには気づいていても返信する余裕がないひともいることでしょう。

フェイスブックなどにしても、登録しているだけでほとんど利用していないひともいます。

投稿された記事の閲覧はしていても、めったに「いいね」をつけないタイプのひともいるようです。

だとすれば、「反応なんてあってもなくてもかまわない」くらいの気持ちでいたほうが気はラクになります。

「いいねをちょうだい」、「返事は早くして」などということを口に出してしまえば（文字にしてしまえば）、相手にもプレッシャーを与えることになっていきます。面倒だと思われてしまえば関係性に影響をおよぼすこともあるかもしれません。

お互いを縛りつけ、それぞれにストレスをためていくのはつまらないことです。

SNSとの付き合い方を見直してみるだけでなく、大前提として**「他人の評価を気にしない」、「相手の反応に一喜一憂しない」**ようにしてみてはどうでしょうか。

SNSでは、できるだけ自分を良く見せたいという心理から「盛る」ことをしやすいわけですが、盛ろうとしている限り、ひとは成長しません。

見せかけの自分ばかりを気にしていて、中身は少しも変わっていないからです。

盛ることで、ひとから「いいね」と言われ、自分自身もその気になるのは怖いことです。本当は何も変わっていないのに成長している気になりかねないからです。

SNSの「いいね」はそもそも、社交辞令のようなものであったり、ご機嫌取りのようなものであることも少なくないようです。気に入った記事に限らず、すべての記事にいいねをクリックすることもできます。そのように真意が反映されているとは限らない単なるボタン操作に一喜一憂していても仕方がありません。

そういうことを気にするよりもまず自分の内面に目を向けるようにするのがいいのではないでしょうか。

SNSに限らず、仕事でもプライベートでも、ひととの関わりはあるものなので、相手の感情や考え方が気になることは増えやすくなります。

「あのひとはどうしてあんなことを言ったのか？」と疑問をもったり、「あのひとはたぶん、わたしのことが嫌いなんだ」と勘繰ったりすることもあるのでしょう。

多くは神経質になりすぎているだけだと思います。

相手の言動などはあまり気にかけずに流してしまえばいいのです。

相手の反応を気にしすぎていると、どうしても〝相手に合わせた自分〟でいようとすることになりがちです。

そうなれば、ありのままの自分でいることとは真逆になります。

ものすごく疲れる生き方です。

ZenTheory-33

勝ち負けなどは気にしない

先の話に戻りますが、ひとそれぞれ、いろいろな要素をひとと比べ、「自分はあのひとに勝てない」と考えてしまいやすいのだと思います。

そうしたところで劣等感をもってしまうと、心が縮こまってしまい、悩みをふくらませることにもなりかねません。

とにかく、ひとと比べようとはしないこと、勝負にこだわらないことです。

何かしらの劣等感をもっているひとは少なくないのだと思います。

劣等感は、ひとと比較することから生まれます。

しかし禅では、そもそも、ひとと比べる発想はもたないようにしています。

「放下着《ほうげじゃく》」という禅語があります。

放下とは、手放す、捨てる、という意味で、「着」は強調や命令の助辞です。

何もかもを捨ててしまいなさい。

いっさいの執着やプライドなどは捨ててしまったほうがいい、ということです。

まず捨てるべきなのは、ひとと比較しようとする気持ちなのだといってもいいでしょう。

比較対象をもっていると、そこに気を奪われて、一喜一憂しやすくなります。

現代社会は「成果主義」「競争社会」になっているので、どうしても周りの動向や成績には敏感になりがちです。

ビジネスパーソンはとくにそうなのだと思います。

勝ち負けにこだわっていると、どんどんストレスが蓄積していきます。

どんな手を使ってでも勝ちたいと考えたり、相手の失敗を喜ぶようにもなりがちです。

よくないとわかっていても、そうなっていきます。

ひとを気にかけなくなれば、その分しっかりと自分自身に目を向けやすくもなっていきます。「はじめに」でも書いたように、比較するなら、対象は他人ではなく自分にすべきです。

「以前に比べれば、成長できたな」などと自分の変化を実感できたなら、大きな喜びになります。

そして自分を成長させられます。

ZenTheory-34

ひととの優劣などはない
違いがあるとすれば、「個性」

ひとと比べるのはやめたほうがいいと言われても、なかなかそれができないひとが多いのでしょう。どうしてかといえば、ひとと比較することがクセのようになってしまっているからです。

なかば自動的に比較するようになっているのであれば、すぐにきっぱりと比較をやめるのは難しいかもしれません。

知らず知らずのうちに誰かと比べてしまい、何かの分野の成績などで相手が上だと知ってしまうこともあるのでしょう。

そんなときにはこう考えることです。

「これは優劣ではなく、個性なんだ」

ひとつの分野の成績などで、ひとの優劣が決まるわけではありません。

もともと、ひとに優劣をつけられるものではありませんが、そんなことよりも、ひとそれぞれ個性があると考えればいい。

そして自分は自分の個性を発揮していけばいいのです。

「八風吹不動」という禅語があります。

何かの分野の勝ち負けといったことに限らず、生きていれば誰にでもいろいろなことがあるものです。

いい風が吹くこともあれば、悪い風が吹きすさぶこともあります。

どんな風が吹こうとも動じず、良くない風でも楽しんでいればいいのです。

自分の成績があがったり、運が向いてきているようなときには、いい風が吹いていると感じるかもしれません。

その逆であれば、悪い風が吹いていると感じることもあるでしょう。

ひとがどうだからと考えることに意味はなく、あくまでもそのときそういう風が吹いているというだけのことです。

それを自然に受け止め、これから自分がどうあるべきかを考えるようにするのがいいのではないでしょうか。

ひとはひと、自分は自分——。

あるがままの自分でいれば、つまらないことに惑わされず、心がラクになります。

第四章

心を整えるための朝の過ごし方、夜の過ごし方

ZenTheory-35

日々の生活を見直すだけで人生は変わる

日々の生活を見直してみるのもいいのではないでしょうか。

朝をどのように過ごし、夜にはどのように心を整えるのがいいか。

こうしたことを考えてみれば、「やめるべきこと」、「取り入れたいこと」などが出てくるものです。そのなかでやれることから実践していけば、変わってくる部分は多いはずです。

私たち禅僧がどんな日々を送っているかということも参考にしてもらえるのではないかと思います。

禅の修行僧を「雲水」と呼びます。
「行雲流水《こううんりゅうすい》」という禅語を略した呼称です。
雲は空を行き、水は流れる。何ものにも抗わず、とどまることはない。無心であるように自在に動いていく様子をあらわした言葉が行雲流水です。そんなありようを理想にしたいということから雲水と呼ばれるようになったのです。

禅僧というと、悟りをひらくことを目指しているイメージが強いかもしれませんが、それよりまず目の前の修行に打ち込みます。

悟りにこだわるのもひとつの執着だからです。

執着を手放し、欲を捨てられたほうが、ひとは軽やかになれます。雲や水がそうであるように無心にも近づいていけます。

坐禅、読経、作務と、日々同じことを繰り返しているうちに先への不安などは忘れて、余計なことを考えなくなり、自然に体が動くようになるものだとは先にも書きました。まさにそういうことです。

皆さんが禅僧と同じような日々を送ることはありませんが、**規則正しい生活**を心がけるだけでも無心に近づき、〝心の不要品〟も手放せるようになっていくのではないかと思います。

禅僧と同じようにしなくても、自分で毎日のルーティンをつくり、そこから大幅にはみ出さないようにするだけでもいいのです。

禅では「行住坐臥《ぎょうじゅうざが》」……、すなわち歩くこと、とどまること（住むこと）、坐ること、寝ることのすべてが修行とされます。

自分の生活を見直すことから始めて、禅僧の生活ぶりを自分なりにアレンジしながら取り入れるようにしてみてください。

ZenTheory-36

「朝」を大切にして、一日を始める

一日のあり方を考えるとき、まず大切なのは**早起きしていい朝を過ごすこと**です。

禅僧であれば、三時半や四時半といった時間に起きることになりますが、そこまでしてもらう必要はありません。

これまでより三十分、あるいは十分でも早く起きるようにするところから始めてもいいのです。

早く起きた分だけ時間にゆとりができます。

慌ただしく仕事や学校に出かけるのではなく、その日に行うべきことをしっかり確認しておくなど、その時間を有意義に使うだけでも一日の充実度が違ってきます。

五時や六時など朝の空気が感じられる時間帯に起きられたならベストです。

朝の空気は澄みきっています。

都会のマンションに暮らしていたとしても、朝早い時間であれば、日中とはまったく違った澄んだ空気を感じられるはずです。

窓を開けて、その空気を吸い込む。

部屋（家）から一歩外に出て、胸いっぱい空気を吸い込む。

どちらでもかまいませんが、それだけでも一日の始まりを気持ちのいいものにできます。

ひとにはサーカディアンリズム（概日リズム）と呼ばれるものがあります。二十四時間周期に合わせて、体のはたらきを調節していく体内時計です。

このリズムが乱れると、睡眠障害や体調不良、生活習慣病にもつながります。

朝、太陽の光を浴びることでも、正常なリズムに調整しやすくなると考えられています。

ひとは本来、太陽が昇るとともに活動を始めるものなので、それに近づけるのは理想的な生活です。

「自分は夜型だから無理！」というひともいることでしょう。「それほど睡眠をとらなくても平気！」というタイプもいるようですが、短時間睡眠でも影響が出にくい、いわゆるショートスリーパーは遺伝子に由来するともいわれます。

また、本人は短時間睡眠でも大丈夫だと感じていても、実際は体に負担をかけていて、脳がダメージを受けている場合もあるようです。

年齢を重ねていけばとくにそうです。「若い頃は徹夜なんてなんでもなかったのに」と言っていたひとが、睡眠時間を削ると、翌日、使いものにならないくらいにぼうっとしているケースもあります。基本的には誰でもそうなっていくものです。そういう自覚が生まれてきたなら、生活を見直してみるのがいいでしょう。

毎日、三十分早く寝て、三十分早く起きる。次には、一時間早く寝て、一時間早く起きる……というようにしていくわけです。

早く寝てしまうのはつまらないと思われるかもしれませんが、その分、朝の時間をつくれます。

無理をして夜遅くまで起きていて、ぼうっとしながらテレビを見ていたり本を読んだりしていても頭には入ってきにくいものです。

それよりも、気持ちよく目覚めた朝に仕事をするなどしたほうがずっと効率はあがります。

朝から仕事をする気にならないのであれば散歩に出かけるのもいいでしょう。寒すぎる季節でなければ、朝の散歩は本当に気持ちがいいものです。

ZenTheory-37

時間に振り回されるかは、朝に決まる

「汝は十二時に使われ、老僧は十二時を使い得たり」という禅語があります。

唐の時代の高名な趙州禅師の言葉です。

時間に使われている者もいれば、時間をうまく使いきれている達人もいるということ。時間を主体的に使うことがいかに大切かを説いた言葉です。

時間に使われているひと……、いつも時間に振り回されているひとは多いのではないでしょうか。

朝起きた瞬間から、「時間がない！」とばかりにドタバタと動き始めるタイプはとくにそうです。

そういうひとは朝のあり方を見直すことから始めてみるのがいいでしょう。

早起きして、窓を開け、深呼吸をして、まず朝を感じる。

そういうところから一日を始めるようにすれば、その後も、いい時間の使い方をしながら一日を過ごせていくものです。


逆はどうでしょうか？

ギリギリの時間になってから布団を飛び出して、慌ただしく顔を洗って服を着替えたあと、駅まで小走りしていく。

一日の最初からそんなふうになっているのでは、その後もいい時間を過ごせるはずがありません。スケジュールに振り回されているうちに気がつけば一日が終わっているようなことも多いのではないかと予想されます。

一日の時間を主体的に使いきれるかどうかの鍵を握っているのは朝です。

極端にいえば、その積み重ねによって一生の意味合いや充実度は変わってきます。

朝起きて何をするかはそのひと次第ですが、〝朝は大切にする〟と決めておくだけでも生活はまるで違ったものになっていきます。

休日などでも、朝早く起きようという意識をもたず、昼頃までゴロゴロしていれば、午後から行動を起こしても、充実した一日にはなかなかできません。それこそ急ぎ足で何かをしようと駆り立てられることにもなりかねないでしょう。

そういうふうにならないためにも朝を見直してみることは大切です。

ZenTheory-38

毎朝の掃除によって心のほこりも払われる

以前よりも早起きするようになったなら、掃除をするのもおすすめです。

朝から掃除をするなんて億劫だと感じるかもしれませんが、それほど大げさに考える必要はありません。

玄関前を掃くだけでもいいし、テーブルを拭いたり、仕事机の周りをキレイにして整頓するだけでもいいのです。

朝にどの程度の掃除をするかは、とれる時間によっても変わってきますが、週に一回、休日にまとめて掃除をするといった考え方はやめるべきです。

部屋のほこりなどは、ちゃんと掃いたつもりでいても、すぐに次のほこりが出てきます。部屋中くまなくきれいにしたとしても、その状態は一日も保たれません。ゴミやほこりは少しずつ出てくるものなのでそれが溜まっていきます。

掃除はできる限りこまめに行うべきです。

週に一回でも少ないといえますが、月に一回などと考えているなら、そういう発想は改めたほうがいいでしょう。

朝に限らず、毎日、家中の掃除をする時間をつくれるひとは少ないかもしれません。その場合は、曜日ごとに台所、居間、トイレ、階段、玄関などと掃除をする場所を決めておき、スペースごとにきれいにしていく方法もあります。

ほこりが出やすい場所だけでも毎日、掃除するといった方法もあります。

掃除などは汚れが目立つようになったらその場所だけやればいいという考え方のひともいるかもしれませんが、ガンコな汚れにならないうちにやっていくようにするべきです。

家の掃除と心の掃除は似た面があります。

悩みや心配事は〝心の不要品〟であり、欲や執着心、妬みや憎しみなどは〝心のほこり〟のようなものです。

家の掃除と同じで、〝心の掃除〟をおこたっていると、心の不要品やほこりはどんどん増えていきます。

そんなことにはならないようにするため、常に自分の心と向き合っておくことが大切になります。

家の掃除も心の掃除も、日々こまめに行っていてこそ、大変なことにならずに済むのです。

禅僧にとって、掃除などの作務は坐禅に劣らないほど大事な修行になります。

「一掃除　二信心」という言葉があるくらいです。

信心は、僧にとっては不可欠なものですが、禅ではそれよりも掃除を上位に置いているということです。

掃除は、ゴミやほこりを取り除いて、その場をきれいにするだけのものではなく、心の塵を払い、心を磨くものだと考えられているからです。

一般のひとでも、気分転換をしたいときや気が滅入っているときに掃除をするひとがいます。

そういうひとは、誰に教わったわけでもなく、掃除が気持ちを晴らしてくれるものだということを肌で感じているのでしょう。

体を動かしながら、身の周りをきれいにするのは実際に気持ちがいいことです。

それによって心のほこりも払われていくのですから、一石二鳥です。

ZenTheory-39

所作を正しくする、良き言葉をつかう、柔軟な心をもつ

仕事や学校などがある平日の日中は、雲水のような時間の過ごし方はできないかと思います。

それでも、ただ仕事などに追われるのではなく、ふるまいに気をつけるとともに、感情的になったりはしないで心を落ち着かせておくことが大切です。

仏教には「三業《さんごう》」を整えよ、という教えがあります。

所作を正しくする「身業」、愛情のある親切な言葉を使うようにする「口業」、偏見や先入観を排した柔軟な心をもつようにする「意業」で三業です。

所作、つまり立ち居ふるまいは、心を映しだす鏡といえます。

だらだらと作業していればやる気がないように感じられ、きびきび動いていれば、見ているひとも気持ちがいいものです。

禅寺では、洗面や食事、入浴やトイレ、歩き方まで、すべてに細かい手順が定められています。

修行を始めたばかりの雲水はどうしてこんなに決まりごとが多いのかと困惑しやすいものですが、いつのまにか決められた所作が身についていきます。

決まりごとに合わせる意識をもたなくても自然にそれができていきます。

所作が美しければ、気品も感じられ、見ているひとに好印象を与えます。

禅寺の作法に合わせていただく必要はありませんが、品のあるふるまいをして、乱暴な言葉づかいをしないようにするだけで、周りに与える印象は違ってきます。それにより仕事にいい影響をもたらしてくれることも少なくないことでしょう。

「脚下照顧《きゃっかしょうこ》」という禅語があります。

足元をよく見つめ、我が身をしっかりと振り返りなさい、という意味です。

玄関にこの言葉の張り紙をしているお寺もよくあります。履物を脱いだらちゃんと揃えておきましょうという呼びかけの意味をもっています。

そんな張り紙があるお寺に限らず、飲食店などで座敷にあがるようなときでも脱いだ履物はきちんと揃える。

会社などでもコートのかけ方やカバンの置き方などには気をつける。

そうした心がけも大切です。

ZenTheory-40

「立禅」や「椅子禅」は通勤中や仕事の合間にも行える

禅の修行においてはもちろん、坐禅が重要な役割を果たします。

禅は、サンスクリット語のDhyāna（ディヤーナ）を音訳した「禅那」の略で〝静慮（静かに考える）〟という意味があります。

歩きながらでも考えごとくらいはできるでしょうが、静慮することはなかなかできません。そのため、基本は静かに坐ること、すなわち坐禅を組むことになります。

坐禅をすれば、心が落ち着き、余計なことを考えない無の状態に近づけます。

会社勤めをしているようなひとは日中に坐禅を組むのは難しいと思います。

そこで試してみてほしいのが「立禅」です。

電車の中で吊革につかまっている状態でもかまいません。

立ったまま丹田に意識を集中して、心を落ち着けて呼吸をします。

禅の基本は……

- **姿勢を整える**
- **呼吸を整える、**
- **心を整える、ことです。**

立禅の場合、静慮とまではいえなくても静慮に近づく。坐禅ではなくても坐禅に近づくことはできます。それだけでも意味があることです。「動中の静」です。

呼吸は「丹田呼吸」を基本とします。

丹田は、心身の精気が集まる場所で、へその下、二寸五分（約七・五センチ）あたりとされます。

この丹田を意識しながらゆっくりと行う腹式呼吸が丹田呼吸です。

鼻から吸った息を下腹部へ送る意識をもつようにしてください。

坐禅の際には唇を閉じておくのが通常ですが、口の中に空気がこもらないように舌先を上の歯の付け根に当たるようにしておきます。

坐禅中息を吐くときには、鼻の隙間からゆっくり吐き出していきます。


「椅子禅」という方法もあります。


坐禅は結跏趺坐《りつかふざ》もしくは半跏趺坐で行うのが基本となりますが（坐禅の組み方については166ページで解説します）、ヒザが悪いひとなどは難しい場合もあります。そうした際には椅子に坐って坐禅をしてもらうことになります。

ヒザが悪いわけではなくても、椅子禅なら手軽です。会社などでもちょっとした時間を見つけて、やりやすいのではないでしょうか。


椅子禅は……

・まっすぐ椅子に坐る
・手で「法界定印《ほっかいじょういん》」を結ぶ
・半眼となり、目線は四十五度くらいの角度で斜め下に向ける
・唇を閉じて丹田呼吸をする
というように行います。


法界定印は、お釈迦様が瞑想に入られている際の禅定印です。

上向きにしている右手の上に上向きにしている左手を載せ、親指と親指が軽く触れ合うようにします。

両手を使って卵形の空間をつくるようなイメージです。

姿勢にも注意してください。

椅子には浅く腰掛け、背中は背もたれから離します。

足はヒザを直角に曲げて自然におろし、足の裏を床につけます。左右の太もものあいだはこぶし二つ分くらい開けておくといいでしょう。だらしなく坐っていては意味がないので、足をぶらぶらさせるのは禁物です。

背筋は伸ばします。

頭のてっぺんから尾てい骨まで一直線になるようにして、アゴを引きます。型にはそれほどこだわらなくてかまわないので、姿勢良く椅子に腰かけ、ゆっくり丹田呼吸をすれば、それだけでも落ち着くはずです。

朝、少し早めに会社に着くようにして仕事を始める前に行うか、昼休みなどに行うのもいいのではないかと思います。

ZenTheory-41

ただ、ぼうっとする
ただ、自然を感じる

何も考えずにぼうっとする時間をつくるのもいいでしょう。

いまの社会で生きていると、仕事や時間に追われ、常に何かに駆り立てられている感覚になりがちです。

そうした焦燥感から逃れるためです。

もちろん、立禅や椅子禅を行う際にも、仕事など日常のことは考えないようにしますが、それよりもさらにシンプルなやり方です。

かたち的なことはまったく考えず、ただ、ぼうっとする。

これが意外に難しく、最初のうちはいろいろなことが頭によぎってくるはずです。

いろいろなことが頭に浮かんできても、どんどん外へ流していくようにします。
慣れてくれば、何事にもとらわれずにいる自分が顔を出してきます。
何も考えていない状態に近づいていく。
すなわち**「無心」**です。

無心とは、物事に心をとどめないこと。
心を無くす、思考しない、ということではありません。
静かな心になるのです。
無心に近づく時間をつくることが禅の世界ではたいへん大きな意味をもちます。
禅的生活の第一歩です。

第一章にも書いたように自然を感じる時間をつくることも大切です。
特別なことをする必要はありません。
通勤電車に乗っているとき、ずっとスマホを使っているのではなく、窓から空を見てい

るようにするだけでもいいのです。

歩いているときには、草花の芽吹きに心躍らせ、日差しや空気の変化に敏感になっておく。そうして日本らしい四季のうつろいを肌で感じているようにしているだけでも感性が磨かれます。

ひとに対する競争心や嫉妬心をもっていることがいかにつまらないかもわかってくるのではないかと思います。

ZenTheory-42

快適な睡眠をとるため夜には心をリセットする

夜をいかに過ごすかも大切です。

禅寺の修行僧であれば、七時か八時頃から夜坐《やざ》（夜の坐禅）を行い、九時には開枕《かいちん》（就寝）します。

一般の方は、十一時や十二時、あるいは日付が変わった一時頃に眠ることも多いのではないかと思います。

年配の方には九時や十時に寝て、その分、早起きすることを習慣化しているひとも少なくないでしょう。そのほうが理想に近いといえます。

若いひとはそんなに早くは眠れないと思うかもしれません。

少しずつでもこうした生活に近づけていくと、そのリズムが心地よく感じられてくるものです。

眠るまでのあいだに、どんな時間を過ごすかも問われてきます。

仕事が終わればとにかく居酒屋に行く、というひともいることでしょう。コロナ禍で減ったかもしれませんが、いつもわいわい同僚と騒いで愚痴を言い合うことを日課のようにしているひともいるのだろうと思います。

楽しく酒を飲めているならいいにしても、愚痴で気晴らしができるのはそのときだけです。

結局は後味の悪さが残るのではないでしょうか。

外でお酒を飲むことの良し悪しは置いておくにしても、いい夜を過ごすのは案外、難しいといえます。

一日の仕事が終わり、ようやくほっとできたかと思っていても、ひとりになった時間にこそ、悩みや心配事が頭をもたげてきやすいものだからです。

そういう不安は振り払いにくいばかりか、より深めてしまいやすいのも夜の特質のような気がします。

赤ん坊が夕方になると泣き出すことが多いのは、暗くなっていくことへの不安も関係しているのかもしれません。

夜の暗さは、不安を助長するのか？

ひとを落ち着かせてくれるのか？

どちらにも作用するはずだからこそ、心静かに過ごす時間にしたいところです。


いい夜を過ごすためには、できるだけ情報を遮断して、リラックスできることに時間を使うことです。


音楽を聴く。

読書をする。

手芸にいそしむ。

少しのアルコールをたしなむ。

ゆっくり入浴する。

そうした何かによって落ち着けると感じるなら、自分に合ったことをすればいいのです。

何をやるべきということではなく、自分なりの過ごし方を見つけていけばいいわけです。


一日の終わりには、不安や心配事など心の不要物のいっさいを頭から消し去るようにすることです。


心をリセットしてしまう感覚です。

寝る前の三十分間を何も考えない時間にできたならベストです。

はじめはそんなことは難しい、できない、と思えていても、意識的に続けていれば、できるようになっていきます。

完全に何も考えていない状態にはなれなくても、嫌なことは忘れて心が落ち着いている状態には近づいていけるようになります。

〝夜のリセット〟ができてこそ、快適な睡眠をとれます。

心おだやかに眠ることが大切だからです。

心配事に頭を悩ませ、なかなか眠れずにいるのとは比べられないくらい翌日のコンディションは良くなります。

ZenTheory－43

〝幸せホルモン〞セロトニンを増やすための生活をする

「幸せホルモン」と呼ばれ、ストレスを軽減させてくれるセロトニンは、「睡眠ホルモン」と呼ばれるメラトニンの原料にもなります。

セロトニンやメラトニンを増やすためには……、

- **朝や昼間に太陽の光をしっかり浴びること**
- **夜には強い光やブルーライトを浴びないようにすること**
- **適度の運動をすること**
- **ストレスをためないこと**

・深くゆっくりとした腹式呼吸をすること、です。

深くゆっくりとした腹式呼吸とそのままつながりますが、**坐禅を組むことでもセロトニンは分泌されます。**

それによって脳が安定して心が落ち着くと、血流も良くなり、体がぽかぽかと温かくなります。

そうすれば、いい眠りに入りやすくなります。

その意味でも夜坐はおすすめできます。

朝や日中の過ごし方もそうですが、夜の過ごし方は快眠ができるかどうかに直結します。

健康や翌日のパフォーマンスに深く関わることなので、ぜひこうしたところを見直してください。

ZenTheory-44

〈坐禅の作法〉夜坐で、雑念を手放す

ここであらためて、**坐禅の基本**についてまとめておきたいと思います。

通常の坐禅は、坐蒲（座布団）の上で行います。尾てい骨が坐蒲の中心よりやや手前にあたるようにしながら坐ります。

足は「結跏趺坐」を組みます。右足を左足の付け根に触れるくらい深く載せてから、左足を右の太ももの上に載せるかたちです。

結跏趺坐ができないひとは「半跏趺坐」にします。右足を左足の付け根の下にいれ、左足を右の太ももの上に載せます。

どちらの場合にも、両ひざとお尻の三点でバランスをとって上半身を支えます。

背筋を伸ばして、アゴを引きます。

このとき頭のてっぺんから尾てい骨まで一直線になるように意識します。

両肩の力を抜いて、腰（骨盤）を立てます。

体は一直線になっているかどうかというだけでなく、前後や左右にも傾かないようにします。

手は、先にも解説した「法界定印」を結びます。

その手をおへその下あたりに置いて、わきの下は少し開けます。

肩や腕の力は抜きます。

姿勢が整ったら静かに深呼吸します。

これを「欠気《かんき》一息《いっそく》」といいます。

坐禅に臨むために体と呼吸を整えることを目的にしています。

しっかり口から息を吐き切って鼻から息を吸う深呼吸を一回もしくは数回行います。

その後、体を左右に揺らします。

これを「左右揺振」といいます。

坐り心地が安定する位置を探すために行うことなので、体の中心位置が定まったら、再び法界定印を結びます。


ここから坐禅を始めることになります。

坐禅の際には、目を閉じているのではなく、かすかに開ける半眼にします。

視線は約一メートルほど先の畳を見るように四十五度の角度で落としておきます。

唇は閉じますが、先にも書いたように舌先を上の歯の付け根に当たるようにして、口の中に空気がこもらないようにします。

そして静かに丹田呼吸を行います。


坐禅は本来、一本のお線香が燃え尽きる時間である「一炷《いっちゅう》」、およそ四十分間、行います。

慣れないうちはそこまでやらなくても十分くらいから始めればいいでしょう。

坐禅をしているあいだに雑念が湧いてきたなら、そのこと自体は認めて、その雑念を手放すようにします。

ZenTheory-45

姿勢を整えれば呼吸が整い、呼吸が整えば心が整う

調身、調息、調心――。

これが坐禅の基本であり極意です。

姿勢を整えれば呼吸が整い、呼吸が整えば、心が整います。

坐禅を組む際にはとくにこの心がけが大切になるわけですが、調身、調息、調心は常に意識していたいことです。

所作、立ち居ふるまいは心を映しだす鏡だと書きましたが、立ち居ふるまいの基本は姿勢にあります。

立ち居ふるまいが整えば心も整い、立ち居ふるまいが乱れたときには心も乱れるもので

す。

日頃から姿勢を正しくしておく意識をもつことは本当に大切です。

心を整える第一歩になるからです。

呼吸の意味も非常に大きい。

深くゆっくりとした腹式呼吸がセロトニンの分泌にもつながるように、心を調節する効果があります。

坐禅をしているときに限らず、感情的になりかけたり、心が落ち着かないようなときにはまず、深呼吸（丹田呼吸）をすることです。

嫌な感情をすべて吐き出してしまうようにお腹にある息を吐き切り、鼻からゆっくり新しい空気を吸い込み、丹田に送る。

そうすることで心は落ち着きます。

坐禅をやろうと考えるなら、身体が正しい姿勢を覚えるまでは禅寺に行くなどして、姿勢や呼吸方法を見てもらうのが望ましいのは確かです。

しかし、厳密に作法や理想の型にこだわらずとも、自分なりの坐禅をすることでも心は落ち着けられます。

先にも書いたように入眠効果も得られます。

椅子禅でもいいように、姿勢が安定させることが出来るのであれば、ベッドの上で坐禅をするのでも、布団の上で坐禅をするのでもかまいません。

心を落ち着けて一日を終え、良質な睡眠をとって次の朝を迎える。

そのようにできれば、余計なことばかりを考えていた頃とはすべてが変わってくるはずです。

いつも見ていた景色さえ違って感じられてくることでしょう。

第五章

「生きる」こと、「死にきる」こと

ZenTheory-46

幸せはどこにでも見つけられる

ひとは誰でも幸せになりたいと願っているものです。

では、どうすれば幸せになれるのでしょうか？

どうなれば、自分は幸せだという満ち足りた気持ちになれるのでしょうか？

「たくさんのお金が欲しい！」

「ブランド品のバッグが欲しい！」

「高級時計が欲しい！」

そういうひともいるのでしょうが、ここまでにも書いてきたようにそんな欲望は人生を歩むうえでは重荷にしかならないものです。

生活をしていくうえでお金は必要になるので、大切なのはわかります。ないよりはあったほうがいいのでしょうが、お金やモノ（物）が与えてくれる幸せは延々と続くものではありません。

満足感や安堵感につながったとしても、焦燥感や不安感とも表裏一体です。

幸せは何かによって得られるものではなく、自分自身で感じるものです。

たとえばの話、自分が親なのであれば、日々の生活の中で子供のちょっとしたやさしさを感じたようなときにも幸せな気持ちになることがあるはずです。

幸せはそれくらい身近にあるものです。

「自分は不幸だ」と嘆いてばかりいるひともいます。

お金に困っていたり、何をやっても結果がついてこなかったりするのかもしれませんが、そうであっても幸せを感じられることは必ず傍にあるはずです。

その幸せを感じようとしていない、見つけようとしていないだけなのではないでしょうか。

そういうひとは、まるで不幸自慢をしたいかのように不幸といえる部分を無理に見つけようとしている部分もある気がします。

そんな姿勢を改めて、周りにある幸せを感じるようにしてみれば、それだけでも毎日が大きく変わるはずです。

身近で見つかる小さな幸せの積み重ねが、幸福な人生をかたどっていきます。

「心外無別法《しんげむべっぽう》」という禅語があります。

この世に起きるすべての現象は、人間の心と別に存在するものではない、という意味です。

道元禅師が書かれた『正法眼蔵』にはこうあります。

「三界唯一心　心外無別法　心仏及衆生　是三無差別（三界ハ唯一心ナリ　心外ニ別法無シ　心ハ仏ヨリ衆生ニ及ブ　是レ三界ニ差別無シ）」

三界（欲界、色界、無色界を合わせたこの世界）は心がつくりだすものであり、心とは別に存在するものではない。

心と仏と衆生に差別はない、ということです。

幸せはどこにでも見つかります。

自分は不幸だと感じているのだとすれば、幸せに目がいっていないだけです。

そのことをまず知っておいてください。

ZenTheory-47

贅沢はたまにしかしないからこそいい

簡素と質素の違いについてはすでに書きましたが、**簡素な生活のなかにこそ美しさがある**と考えるのが禅です。

どのような部分に対しても贅沢を求めるのではなく〝自分の心を満たしてくれるのは何か〟を考えていくことが大切になります。

禅寺では現代らしからぬ簡素で不便な生活をしているともいえますが、それに対して不満をもらす僧はまずいません。

修行だから我慢しているといったことではなく、それが当たり前だという感覚になっているからです。

便利さには慣れすぎないほうがいい面もあります。

たとえば、エレベータやエスカレータのある施設で階段を使う、家で掃除機を使わずに箒と雑巾で掃除をする……といったことを試してみるのもいいのではないかと思います。

一度だけやってみた、というのではなく、それが日常になれば、案外、不便だとか面倒だとかは感じないはずです。

むしろ健康的で悪くないなという気になる場合も多いのではないかと思います。

日々の生活の中でよく使うものをあえて簡単には取れないところに置いておくといったやり方を推奨するひともいます。

毎日使う台所用品を背伸びをしなければならないところに置いておく。

毎日読む本を階段を使わなければならない部屋に置いておく……。

その分だけ体を動かさなければならなくなりますが、そのひと手間が運動にもなるわけです。

あえて不便さを選ぶことで生活にメリハリが出て、「便利であることがすべてではない」ということを実感しやすいのではないかと思います。

エアコンの使い方などについても考えてみたほうがいいかもしれません。

熱中症になったり風邪をひいたりしないためにも夏や冬にはエアコンを使用するのがいいとは思います。

しかし、常に家の中を快適な温度にしておくため、一年中、エアコンを使用していたり、夏に「寒すぎるのではないか」という温度設定にするようなエアコンの使い方には疑問がもたれます。

夏は暑く、冬は寒いものです。

衣替えという習慣がありますが、以前などは、春用の服、秋用の服などはほとんどなく、夏服と冬服だけで気候の変化に対応していました。

エアコンなどは贅沢品だった時代もあります。さらに遡れば、扇風機やストーブさえなかった時代もあります。

そういう時代に戻る必要はありませんが、**夏は暑く、冬は寒いものだということを忘れてしまうほどの快適さを求める必要はないのではないか**と思います。

禅僧は一年中、作務衣を着ています。夏用の生地と冬用の生地、そして合物の生地があるとはいえ、冬用の作務衣もそれほど温かいものではありません。

いまのお寺では本堂にエアコンを設置するのが普通になってきましたが、禅僧であれば誰でも、エアコンもつけていない本堂で、冬に雑巾がけをするような経験をしてきました。

ひとは誰でも常に快適な生活ができるわけではありません。

地震の被災地などでは水もないような苦しい生活が続くこともあります。そういうケースではなくても、地球温暖化問題もあり、電気の使用についてはこれまで以上に考えていかなければならなくなるでしょう。

快適すぎる環境に体が慣れきってしまわないためにも、暑さや寒さくらいは体で感じていくのがいいのではないかと思います。

ふだんの食事について見直してみるのもいいはずです。

私もそうですが、禅僧の食事はどちらかというと、簡素なものです。私の場合、会食などに行けば出された料理を食べますが、ふだんはあまり肉は食べません。

修行中の禅僧は肉や魚をいっさい食べないようにします。最初は空腹がつらいものですが、そのうち体が慣れてきます。そのため、修行期間を終えても、大きくは食生活を変えない禅僧も多いのです。

修行中の禅僧は痩せ細ってつらそうにしているかといえば、そんなことはありません。肌にはつやがあり、ムダな脂肪もなく、健康そうにしています。

ふだんから肉食を控えるべきだとはいいませんが、週に一度くらい簡素な食事にすることはおすすめします。

肉断ちをする期間をつくると、肉を求める気持ちが薄くなり、野菜中心の簡素な食生活にしても、物足りなさを感じなくなります。

簡素な食生活を続けていると、体にかかる負担が減ることも実感されます。

おそらくですが、肉食を減らせば、性格もおだやかになるのではないかと思います。格闘家などのアスリートのなかには、試合が近づいたときには「肉を食べないと闘争心がわかない」と言うひともいます。

実際にそういう面はあるのでしょうし、だとすれば、その逆もいえるわけです。量にしても、常に満腹になるまで食べることはありません。

昔から**「腹八分目」**と言われているように、お腹が満たされる手前くらいでやめておくのが体にいい気がします。

たまに贅沢を控える、ということではなく、贅沢はたまにしかしない。

そういうふうにしていたほうがご馳走は美味しく感じられるものです。

食事に限らずなんでもそうです。

どんな部分においても、より良いもの、より快適な環境を求めるのではなく、ほどほどにしておく。

そういう生活は決して窮屈なものではなく、心地いいものだとわかってくるのではないかと思います。

いまの世の中は、食事にも生活にも、贅沢すぎるもの、そして余計なものが入り込みすぎています。

豊かな暮らしとはどういうものなのか？

そういうことを今一度考えてもらうといいかもしれません。

ZenTheory-48

生き方を見直すのは自分、変えられるのも自分

とりたてて困っていることはないけれど、毎日どこか物足りない。

そういう感覚をもっているひとは少なくないのだと思います。

気持ちはわからなくもないですが、贅沢な悩みであるのは確かです。

たとえ仕事にやりがいが見出せないのだとしても、毎日を不自由なく過ごせているのなら、それで充分、幸せなのではないでしょうか。

「それくらいのことはわかっているけど、それでもやはり充実できるもの、夢中になれるものを見つけたい」

そんな声も聞こえてきそうです。

このようなひとに対しては**「子供の頃のことを思い出してみてはどうですか」**と提案する場合もあります。

子供の頃には何かしら夢中になっていたことがひとつやふたつはあるものです。野球や釣り、お絵描き、お人形遊び……。「そのようなことでも何かなかったですか？」と聞かれれば、思い当たることもあるはずです。

絵を描くのが好きでマンガ家になるなど、子供の頃から好きだったことを仕事にできているひとはかなり少ないのだと思います。

そうはできていないひとのほうが圧倒的多数派であるのは間違いありません。

まったく違う仕事に就いていたとしても、もう一度、子供の頃の夢を追いかけてみてもいいのではないでしょうか。

そうしていれば、本職とまではいかなくても、どこかで仕事に結びつけられるケースもあるものです。

たとえ仕事に結びつかなくても、同好の士を見つけてプライベートで楽しめるようになれたなら、それだけでもずいぶん違うはずです。

そういうところに楽しみを見出せたなら、大きな刺激になるものです。

年を重ねていくうちに以前に情熱を燃やしていたことを忘れてしまったり、あきらめてしまったりすることは多いものですが、あらためて振り返ってみれば、「もう一回やってみようか」と思えるものが見つかる場合も少なくないことでしょう。

好きなことを収入に結びつけようと考える必要はありません。収入などとは関係なくやっているからこそ楽しめるということもあるものです。

「随所作主　立処皆真」という禅語があります。

『臨済録』に出てくる言葉です。

どんな場所でどんなことをしていても、自分が主体となって一生懸命に努力していれば、そこが真実の場になるということです。

そこに本来の自分があらわれる、とも言い換えられます。

全力で生きている自分が発見できるということです。

仕事にやりがいが見出せないというのは、自分の問題です。

つまらない仕事をやらされている、自分ではなくても誰にでもやれるような仕事をやらされている……という感覚になるのは、全力で取り組んでいないからです。

そもそも、つまらない仕事、やりがいのない仕事などというものはありません。

禅の修行にしても、作務がつまらないなどと感じていたのでは始まりません。

掃除はもちろん、自分の顔を洗う、布団を畳む、といったことのいっさいを適当にやったりはしません。

そうしていてこそ修行になるのです。

仕事も同じです。

誰でもできるように感じられる作業でも、誰より丁寧にこなす、スピーディにこなす、他のひとはやらない工夫を取り入れる……といったことはできるはずです。

そういうことをとことん考えたうえで全力で取り組もうともしないうちから愚痴を言っていたのでは何も変えられません。

与えられた仕事を嫌々こなしている状態になっていたのでは、違った役割が与えられる可能性も低いことでしょう。

生き方を見直すのは自分、変えられるのも自分だけです。

ZenTheory-49

望まない、求めない

中国の歴史を振り返ったとき、もっとも厚く仏教を信仰していたといわれる皇帝が梁《りょう》の武帝です。

その武帝があるとき、達磨大師に問いかけました。

「私はこれまで多くの寺をつくり、たくさんの人々を出家させてきたように、仏教に尽くしてきました。そんな私にはどのような功徳があるのでしょうか」と。

達磨大師はこう答えました。

「無功徳《むくどく》」

見返りなどは何もないということです。

禅の基本は**「無心無作《むさ》」**にあります。

誰かに対して何かを行うのはすべて無心であり、そこにはいっさいの策略や計算を施さない。

見返りなどは期待せず、ただ相手のことだけを考える、ということです。

そういう生き方こそが美しいものです。

何事もそうですが、望みすぎてはいけない。

そして求めすぎてはいけません。

ZenTheory-50

ひとりでいるのも大切な時間だと知っておく

ひとりになることに慣れていないひとも多い気がします。

ＳＮＳ依存になっているひとたちにもそのタイプは多いのではないでしょうか？

いつも誰かとつながっていないと不安になるひとたちです。

まったく友達がいない、相談事を話せる相手がいない……ということとは別の問題です。

仲のいい友人などはいながらも、常につながっていることを実感できていないと安心していられない。そういうタイプのひとたちです。


心がつながっている友人や恋人がいたなら、数日くらい連絡を取っていなくても動じた

りはしないのが本来です。

そこで不安になるのだとすれば、相手を信頼できていないということ、あるいは距離感のある付き合いに慣れていないということです。

携帯電話やメール、LINEなどによって連絡を取り合うのが容易になり、用事もないのに連絡を取り合うことが日常化しているためでもあるのでしょう。

便利になりすぎたことの弊害です。

いまのひとたちはもう少し、ひとりでいる時間に慣れたほうがいい気がします。

少し前までは、意識しないでいてもひとりでいられる時間をもっていたものです。

単にひとりでいるというだけではなく、誰からも連絡がこない時間です。

部屋に固定電話はあっても、携帯電話などはなかったので、会社の仕事や学校の授業が終わって帰路につけば、ひとから連絡を受けることなどはほとんどなく、自分の部屋ではひとりの時間を過ごせていたのです。

その時間に好きなことをやるなどして〝ひとり時間〟を楽しめていました。

ひとりでいれば自分自身と対峙《たいじ》する時間になります。

その時間を有意義に過ごせていれば、誰からも連絡がこなくとも不安に思うことなどはなかったのです。

ZenTheory-51

避けたいのは孤独ではなく孤立

ひとりに慣れていないひとたちは休日などに予定がなければ、それだけで落ち着かなくなることもあるようです。そういうひとは、とくにやりたくないこともかまわず、何かしらの予定を入れて、心の平静を保とうとします。

あまり感心できることではありません。そもそも無理に予定を埋めても、心の底から楽しめるものではない場合が多いのではないでしょうか。

孤独とは果たして何なのでしょうか。

ひとりでいれば孤独なのかといえば、そうではありません。

幸せと同じように、孤独というものは自分の心が感じることです。

ひとりでいても孤独を感じない場合もあれば、大勢のひとのなかにいても孤独を感じる場合もあります。

ひとり時間に慣れていれば、休日に特別な予定がないからといって慌てることはなく、その時間を自分なりに楽しめます。

その意味でいっても、孤独は恐れるようなことではありませんが、〝孤立〟はどうでしょうか？

孤立は、心が感じるかどうかといったことではなく、状況です。

対立するものもなければ、助けてくれる存在もなく、いっさいのつながりをなくした状態です。

避けたいのは孤独ではなく、孤立です。

「ひとが自分を排除したから孤立した」

「社会に排除されて孤立した」

そういう言い方をするひともいますが、本当にそうでしょうか。

意識しているかどうかを問わず、ひとを寄せつけないようにしているところがあり、社会に馴染もうとしなかったことから孤立してしまうケースは多いはずです。そうであるなら、自分の責任でもあるわけです。

誰でも孤立はしたくないものなので、仲間や味方を見つけようとするものです。

ただ、人間にはおかしなところがあります。

孤立はしたくないにもかかわらず、複数の人間とのコミュニティをつくると、今度はそのなかで〝敵〟をつくろうとする傾向が見受けられるのです。

人間関係において、敵も味方もないことをまず知っておいてください。

相手を問わず、場面によっては力を合わせることになるケースも出てくるものです。

立場が分かれた相手とも、敵対する必要はありません。

集団があれば考え方や意見が違うひとがいるのは当たり前です。意見の違いなどがわかったときに、すぐに相手を敵とみなせばおかしくなってしまいます。足の引っ張り合いをすることもあれば、妬みという感情も生まれます。

敵ではなく、自分とは立場（意見）が違うだけだと考えればいいのです。

ケースによっては好敵手と考えることもできるはずです。そうしていれば、争うのではなく切磋琢磨できていきます。

ふだんから無用な敵をつくらずにいれば、孤立することはなくなります。


ひとは常に〝縁〟の中で生かされています。


縁とは不思議なもので、人知を超えた力によって運ばれてくる気がします。

出会うべくして出会うのも縁です。

ただし、その縁が結ばれるかどうかはわかりません。

結ばれたとしても、どこに運ばれていくかはわからない。

互いに惹かれ合うひとと出会えていながら、周りの状況などが関係して、なかなか結婚ができないうちに互いの心が離れていってしまうようなケースもあります。

そんなときには「縁がなかった」といった言い方もしますが、決して珍しいことではありません。
運にゆだねられる部分もあれば、努力が求められることもある。
恋人、夫婦といったことではなくても、誰かと出会えたならそれも縁です。
その出会いに感謝して、つながりを大切にしていく姿勢も大切です。

ZenTheory－52

病もまた受け入れられる

死によって、突然、孤立がもたらされることもあります。
受け入れがたくても、受け入れなくてはならない事実です。
それとも関係しますが、年齢を問わず、重い病になることもあります。
最期を覚悟しなければならない場合もあるでしょう。
そこでもまた、受け入れられるかどうかが問われます。

曹洞宗大本山總持寺の貫主をつとめられていた板橋興宗《こうしゅう》禅師は、がんの告知を受けられてから、ずいぶん長く、がんとの付き合いを続けられていました。それでも、お亡くなりになる少し前までは、毎日の坐禅と托鉢は欠かさずにいました。

そして**「がんとは仲良くやっておる」**、**「がんと生活するのを楽しんでますよ」**とおっしゃっていたのです。なかなか口にできることではありません。

がんであるという告知を受けたなら、その事実を変えることはできません。がんは嫌だとあがいたところで、どうなるものでもありません。病状によっては治せるケースも増えていますが、もはやどうにもならないと伝えられる場合もあります。

嫌だと言おうが、泣きわめこうが、そういうがんが消えることはありません。

一緒に生きていくほかはないなら、仲違いしているよりは仲良くしていたほうがいいではないか。

それが板橋禅師のお考えでした。

相手が病気であろうとも、あるがままを受け入れるというのは禅の精神につながります。

あきらめとは違った境地です。

ZenTheory-53

禅的生活は〝心と脳の老い〟を遠ざけてくれる

世の中はいま、確実に「人生百年時代」に向かっています。

科学や医学が発達したことで、長く健康を保ちやすくなっているからです。

これまでは治せなかったのに治せるようになる病気なども増えていくのが予想されます。

人生百年時代では〝健康寿命〟も気になります。

同じ百年を生きるにしても、健康でいられるかどうかが問われるということです。

医学に期待されるところもありますが、個人レベルでも、できるだけ体力を維持していくための努力が大切になります。

「認知症」も、現段階では医療による完治は望みにくい面があります。

どこまで予防できるのかという点でも意見は分かれるのでしょうが、ある程度、予防の意識はもっていたほうがいい気はします。

正確な統計はないようですが、一次産業に従事するひとは比較的、認知症になりにくいと聞いたことがあります。

一次産業といえば、農業、漁業、林業などが挙げられます。定年退職といった概念がない場合が多く、いつまでも個人個人が頭をつかいながら体を動かしています。それがいいのではないかという気がします。

サラリーマンの方も再就職のケースが増えてきましたが、定年退職後にいっきに認知症が進むケースが少なくないようです。

社会とのつながりをなくし、特別な目的をもたないようになることが無関係ではないのでしょう。長く働いてきたひとが、のんびり余生を過ごすのは悪いことではないのに、目的意識を失い、ぼうっとしていると、認知症が進みやすくなるのだと考えられます。

私たち禅僧には比較的、長命の方が多いうえ、認知症で困っているという話もあまり聞きません。

一次産業のひとたちとも似ていますが、定年退職といった概念をもたず、毎日、作務を続け、規則正しい生活をしていることが関係あるように思います。

簡素な食事をしていることで体への負担が少ないこともいいのでしょう。

毎朝、お経を唱えているのもいい気がします。お腹から声を出し、その声が耳から入ってくることが刺激になる。

どこまでの効果があるかは立証しにくくても、何かしらのプラスはあるのではないかと考えられます。

こうした点からいっても早い段階から禅的生活を取り入れることはいいはずです。

話は少し変わりますが、人生百年時代が迎えられようとしているだけでなく、「少子高齢化」も確実に進んでいます。

日本の人口は減り続けており、二〇七〇年あたりには人口は九千万人を割りこむとも予

測されています。

現在の約七割の人口になってしまうということです。

そんな先のことは知らないと言うひともいるかもしれませんが、少し長生きすればそんな時代に直面することになるかもしれません。お子さんがいるのであれば、子供や孫はそういう時代を生きていくことにもなるのです。

世帯人員がひとりの単独世帯も約四〇パーセントにまでなっています。

孤独死の増加ともつなげて語られることですが、世の中はどんどんシュリンクしています。

若年層が高齢者を支えるという図式はもはや成り立たなくなっているのです。

そういう時代をいかに生きていくかについても、真剣に考えていかなければならなくなっているのは間違いありません。

個人としての老後の生活もそうですが、社会全体のあり方もそうです。

どんどんコンパクト化が進むなかで、いかに内容の濃いものをつくっていくか。残していくか。

そういうことをみんなで考えていかなければならない時代になっているのです。

ZenTheory－54

生きているときには生ききる 死ぬときには死にきる

死を考えたときには、誰でも不安になりやすいものです。

それは死というものが生の終わりにあり、滅することが死だという捉え方をしているためです。

生は死にいたる前の姿ではなく、死は生のあとの姿としてあるわけではない、ということを理解していれば、死に対する恐れはなくせます。

少なくとも過度の恐れをいだくことはなくなります。

日本の曹洞宗の開祖である道元禅師は「生きているときには生ききる。死ぬときには死にきる」という言葉を遺されています。

〝生ききる〟とは、絶対の生を全うすることです。

生きていれば必ず死は訪れますが、生きているあいだは生きていることに専念していればいい。

そうしていれば、死に対する不安や恐れをいだくこともなくなります。

曹洞宗大本山永平寺の第七十八世貫首を務めておられた宮崎奕保《えきほ》禅師は次のような言葉を残されています。

「人間はいつ死んでもいいと思うのが悟りやと思うておった。ところがそれは間違いやった。平気で生きていることが悟りやった。平気で生きておることは難しい。**死ぬときがきたら死んだらいいいんや。平気で生きておられるときは、平気で生きておったらいいいんや**」

平気で生きるとはどういうことでしょうか？

生きていることに特別な意味などはもたせず、ただ生きること。

いまそこにある命を全うしていくことです。

ただ生きるというのは、単に生きる、ということとはまったく意味が異なります。世間の尺度などとは関係なく、何ものにも振り回されず、自分で生きる目的を据えようとはしない。

〝あるがまま〟に生きていくことです。

宮崎禅師は百六歳で遷化《せんげ》されましたが、百歳を過ぎても若い僧とともに修行を続けられていました。

生ききっている姿を見せてくれていたのです。

同じようにはできなくても、そういう姿を目指すことはできます。

その先には安らかな死があります。

私の父は八十七歳で天寿を全うしました。

亡くなる数年前に、がんを患って手術を受けていましたが、やはりその事実をしっかりと受け入れていたようです。死を恐れているようには見えなかったのです。

父は、自分の父親、私にとっての祖父が亡くなった年齢になったとき、「これからはおつりの人生だ」と口にしていました。

親が亡くなった年齢をひとつの指標にするひとは多いものですが、父もまたそうだったのでしょう。

その年齢を超えたあとは、ありがたいおつりをいただいたのだと考える。

そこから先の人生をないがしろにしていいというわけではなく、一日一日に感謝しながら、生を全うしていく感覚になるのかもしれません。

私の父は、亡くなる前日にもお寺の草取りを三時間やっていて、亡くなった日も、いつもどおり朝早く起きて、部屋の片づけや掃除をしていました。

昼食後、少しふらついたことから胸をぶつけてしまい、検査のために病院に行くと、異常なほど血圧が下がっているのがわかりました。

血圧を上げるための点滴を終えるとまもなく、静かに息を引き取ったのです。

見事な死にざまでした。

「とてもこの父にはかなわない」と思ったものです。

もしかしたら父は、自分の死期を予感していたのかもしれません。それにもかかわらず、あえて特別なことをしようとはしなかったのではないかという気もしますが、実際にどうだったのかということは父にしかわかりません。

亡くなったその日までいつもどおりに掃除などをしていたのはまさに〝いまを生きていた〟ということです。

身をもって、生ききるとはどういうことか、死ぬことはどういうことかを教えてくれた気がします。

ZenTheory－55

自分にとって大切なものを見失わずに生きる

仏教では、一生の長さは、生まれる前から定まっていると考えられており、それを**「定命《じょうみょう》」**といいます。

定命が長いひともいれば短いひともいます。

たとえ定命が短かったとしても、人生の意味が薄れるわけではありません。**長さを問わず、与えられた命を全うできるかが問われます。**

「即今、当処、自己」という言葉についてはすでに解説しましたが、「いま、この瞬間」だけに向き合い、やるべきことをやっていくのが「いまを生ききる」ということです。

その積み重ねによって命を全うできる。

それが禅の基本的な考え方です。

「いい人生にしたい」とは誰もが願うことです。

それでは、どうあれば「いい人生」なのでしょうか。

どれだけの贅沢ができてきたか、どんな地位に就き、ひとからどのような評価を得られたか、といったことは関係ありません。

ここまでに書いてきたように、そういうことに対する意識を手放せていてこそ、「よく生きる」ことができ、「いい人生」を過ごせるものです。

「漁夫生涯竹一竿《いっかん》」という禅語があります。

漁夫は生計を立てていくために釣り竿が一本だけあればいいということ。

生きていくために必要なものは限られるという意味です。

道具に限った話ではありません。

自分に本当に必要なものは何かと考えてみてもいいのではないでしょうか。

子供を亡くしたある男性がこのように話していたことがあります。

「仕事なんていいし、お金などはいらない。家を売ってもいいし、自分の命もいらない。だからこの子を死なせないでほしい。ずっとそう祈り続けていたんです」

この男性にとっては、子供の命が一本の竿だったことになります。

結果として、その子は亡くなってしまいましたが、その子が生きてさえいてくれたなら、他のものはいっさいいらないという気持ちになっていたわけです。


「あなたにとって、いちばん大切なものは何ですか？」

そんな質問を受けたときに皆さんはどう答えられますか？

「家族」と答えるひとは少なくないことでしょう。

もしかすると、「家」、「車」、「一年間、お金を貯めて買った腕時計」などと答えるひともいるかもしれません。そう答えたひとは、その家や車、あるいは腕時計さえあれば、他のものはいらないのでしょうか。

おそらくそんなことはないはずです。

これだけがあればいい、というものなどはそんなにはありません。

逆にいえば、これだけは手放せないというものもそんなに多くはないのです。

そういうことを理解していれば、いらないもの、余計なことへのこだわりを捨てた、ありのままのシンプルな生活ができていくはずです。

そうなれていてこそ、ひとは本当の意味での幸せを感じられるのです。

心を整える
シンプルに生きる禅の知恵55

2024年7月11日　第1刷発行

著　者　枡野俊明
発行者　櫻井秀勲
発行所　きずな出版
〒162-0816
東京都新宿区白銀町1-13
電話　03-3260-0391
振替　00160-2-633551
https://www.kizuna-pub.jp

装　丁　國枝達也
印刷・製本　モリモト印刷

ISBN978-4-86663-244-5